Fascismo Revolucionário

por

Erik Norling

CONTRA CORRENTE
Lisboa, 2013

Título Original: *Fascismo Revolucionario*
Autor: Erik Norling
© 2010, Erik Norling
© 2010, Ediciones Nueva Republica

Esta Edição: *Fascismo Revolucionário*
© 2013, Erik Norling
© 2013, Contra Corrente

Todos os direitos para a publicação desta obra em língua portuguesa, excepto Brasil, reservados por Contra Corrente.

Esta edição NÃO SEGUE a grafia do Novo Acordo Ortográfico da Língua Portuguesa.

Tradução: João Franco
Revisão: Rui Amiguinho
Capa: Nelson Fonseca
Paginação: Contra Corrente
Impressão: Publidisa (UE) e CreateSpace (EUA)

Produzido e Impresso nos EUA e na União Europeia
Printed in the United States of America and in the European Union

ISBN: 978-989-97773-0-9
Depósito Legal:

Esta obra não pode ser reproduzida ou transmitida por qualquer processo, exceptuando excertos para divulgação ou crítica literária. Reservados todos os direitos de acordo com a legislação em vigor.

Distribuição:

IAEG
Instituto de Altos Estudos em Geopolítica & Ciências Auxiliares
http://iaeg.blogspot.pt

Para obter informação acerca dos preços de compra por atacado e consignações, é favor contactar
distronr@gmail.com

Fascismo Revolucionário

por

Erik Norling

CONTRA CORRENTE
Lisboa, 2013

ÍNDICE

I
Nicola Bombacci, de Lenine a Mussolini
Um jovem revolucionário 7
O primeiro Fascismo 9
Contra Estaline 12
A República Social Italiana 14
Um crepúsculo nacional-revolucionário 17

II
Uma experiência Revolucionária, a República Social Italiana (1943-1945)
Nasce a República Social Italiana 20
Itália-República-Socialização! 24
Os trabalhadores com Mussolini 30
A guerra civil 32
O fim de um sonho 37

III
Viva a Europa! Europeísmo e Fascismo (1930-1945)
Quando sonhar era possível: o *Ventennio* (1922-1943) 39
A evolução Fascista em direcção à expansão ideológica no estrangeiro 41
Princípios ideológicos Universalistas do Fascismo 45
O ideal perdido: europeísmo na RSI (1943-1945) 53

IV
As Brigadas Negras: um Partido em armas
Nascem as Brigadas Negras 58
Organização 60
Olho por olho 62
Crepúsculo dos deuses 63

V
Os "socializadores" do fascismo italiano (1922-1945)
Fascismo, esquerdista? 66
Da Piazza San Sepolcro ao congresso de Verona 68
Fascismo, Comunismo 70
Epílogo 72

Apêndices

I
Separação do Partido Socialista Italiano.................................... 76
II
O programa fundacional do Fascismo 79
(23 de Fevereiro de 1919)... 79
III
Programa dos Fasci Italianos de Combate.................................. 81
   Em relação ao programa político.. 81
   Em relação ao programa social 81
   Em relação ao problema militar 82
   Em relação ao problema financeiro.. 82
IV
Discurso de Benito Mussolini ao povo Italiano........................... 83
(18 de Setembro de 1943)... 83
V
O "Manifesto" de Verona... 88
   Os 18 pontos... 88
   Em relação às matérias constitucionais internas: 88
   Em relação à política externa 90
   Em relação aos assuntos Sociais: 90
VI
A Socialização: lei da República Social Italiana 94
VII
Lei da Socialização das Empresas 97
VIII
Os trabalhadores e a Socialização.. 111
IX
Discurso à Divisão "Resega".. 113
X
O discurso do Teatro Lírico 117
XI
Cronologia: os 600 dias da RSI 135

I
Nicola Bombacci, de Lenine a Mussolini

No dia 29 de Abril de 1945, os principais hierarcas fascistas foram abatidos às mãos de partisans comunistas. Curiosamente, entre estes fascistas encontramos Nicola Bombacci, que foi uma das figuras mais proeminentes do comunismo italiano, nem mais nem menos do que o fundador do Partido Comunista Italiano (PCI), um amigo pessoal de Lenine, com o qual esteve na URSS durante os anos da Revolução (com R maiúsculo). Foi alcunhado de "Papa Vermelho" e finalmente um seguidor incondicional de Mussolini, a quem se juntou nos últimos meses do regime. A sua vida, será a história de uma conversão ou de uma traição? Ou ele era, por um acaso, a evolução natural de um nacional-bolchevique?

Um jovem revolucionário

Nicola Bombacci nasce numa família católica (o seu pai era um lavrador, antigo soldado do Estado Pontifical) da Romagna, na província de Forli, a 24 de Outubro de 1879, a escassos quilómetros de Predappio, onde quatro anos mais tarde nascerá aquele que será o fundador do fascismo. É uma região onde a luta dos trabalhadores se distinguiu pela sua dureza e por um campesinato acostumado à rebelião, uma terra de paixões extremas. Por imposição do seu pai entra no seminário mas partirá quando o seu progenitor morre. Em 1903 junta-se ao anti-clerical Partido Socialista (PSI) e decide obter um diploma de professor para poder ajudar as classes menos favorecidas na sua luta (de novo as similitudes com o Duce são evidentes, até estudaram na mesma escola superior), muito em breve ele dedicar-se-á, de corpo e alma, à Revolução Socialista. A sua capacidade de trabalho e aptidões de organizador ganham-lhe a direcção de vários órgãos de imprensa socialistas, nos quais ele aumentará o seu poder, no seio do movimento dos trabalhadores, ele até será secretário do Comité Central do partido e um membro do parlamento, onde irá conhecer um jovem, só alguns anos mais novo do que ele: Benito Mussolini, que - não podemos esquecer - era a esperança futura do socialismo italiano antes de se ter tornado nacional-revolucionário.[1]

Opositor da linha mole da social-democracia, Bombacci fundará juntamente com Gramsci o Partido Comunista Italiano e viajará nos princípios dos anos de 1920 para a URSS para tomar parte na Revolução Bolchevique, onde ele já tinha estado como representante do Partido Socialista tendo sido persuadido para a causa dos Sovietes. Aí ele faz amizade com o próprio Lenine que lhe dirá no Kremlin aquelas famosas palavras sobre Mussolini: "em Itália, camaradas, em Itália só há um socialista capaz de conduzir o povo à revolução, Benito Mussolini", em breve o Duce conduziria uma revolução, mas uma revolução fascista...[2]

Como um líder (Antonio Gramsci era o teórico, Bombacci o organizador) do recém-criado PCI, ele converter-se-á num autêntico "inimigo público número um da burguesia italiana que alcunhá-lo-á de "Papa Vermelho". Ele revalidará brilhantemente o seu mandato no parlamento, desta vez nas listas da nova formação, enquanto os esquadrões fascistas começavam a tomar as ruas enfrentando as milícias comunistas em lutas sangrentas. Bombacci empenhar-se-á em deter a marcha fascista para o poder, mas falhará. Das páginas dos seus jornais ele faz invectivas contra o fascismo apelando à defesa da revolução comunista. Esta é uma época na qual os *squadistri* Camisas Negras cantam canções irreverentes como "*Eu*

---

[1] Relativamente ao movimento revolucionário anterior ao Fascismo, ver Zeev Sternhell, *The Birth of Fascist Ideology*, Princeton University Press, 1995. Onde curiosamente apenas Bombacci é mencionado.

[2] Sobre a trajectória revolucionária de Bombacci existe um excelente livro, *Nicola Bombacci di Mosca a Salò*, Guglielmo Salotti, Roma, Bonacci Editore, 1986.

não tenho medo de Bombacci/... Com a barba de Bombacci faremos spazzolini (uma escova)/ Para polir a careca de Benito Mussolini". Esta é a época na qual o comunismo se vê imerso em numerosas tensões internas e o próprio Bombacci polemiza com os seus camaradas de partido; um dos pontos de fricção é precisamente a decisão entre nacionalismo ou internacionalismo. Ele já tinha mostrado anteriormente tendências nacionalistas, as quais seriam um prenúncio da sua linha futura, quando ainda estava no Partido Socialista, em consequência de um documento que protestava contra a acção de D'Annunzio em Fiume que o partido queria apresentar, Bombacci revoltou-se e escreveu acerca daquele que era *"perfeita e profundamente revolucionário; porque D'Annunzio é um revolucionário. Lenine disse-o no congresso de Moscovo"*.[3]

O primeiro Fascismo

Em 1922 os fascistas marcham sobre a capital do Tibre: nada pode impedir Mussolini de tomar o poder; não obstante, este nunca será absoluto nos primeiros anos do regime. Como deputado e membro do Comité Central do Partido, Bombacci viaja frequentemente para o estrangeiro. Ele assiste ao 4º Congresso Internacional Comunista representando a Itália, e no Comité de Acção Anti-fascista ele encontra-se com vários líderes russos bolcheviques. Ele já dedicou metade da sua vida à causa proletária e não está disposto a vacilar no seu empenho de levar o seu sonho socialista à prática. No parlamento e na imprensa comunista, ele converte-se num fervoroso defensor de uma aproximação Itália-Rússia, quase de certeza falando em nome e por instigação dos líderes de Moscovo, mas usando um discurso nacional-revolucionário que perturba o seio do partido o qual, por outro lado,

---

[3] Estamos a falar na tomada da cidade da Dalmácia em 1919 pelo poeta-soldado Gabriel D'annunzio que tem sido considerada por muitos autores como o primeiro capítulo da revolução Fascista. Carlos Caballero, "La fascinante historia D'annunzio en Fiume", in *Revisión*, Alicante, ano 1, Vol. IV, Outubro, 1990.

está em retrocesso desde a vitória dos fascistas. Relações com o Estado Revolucionário Soviético seriam uma alavancagem para a Itália como Nação, que também testemunha um processo revolucionário embora fascista. Imediatamente acusam-no de ser um *herético* e pedem-lhe para retratar-se. Eles não podem admitir que um comunista exija, como Bombacci fez, *"ultrapassar a Nação (sem) destruí-la, queremo-la ainda maior, porque nós queremos um governo de trabalhadores e camponeses"*, socialista e sem negar a Pátria, *"direito sagrado e inquestionável de qualquer homem e de todos os grupos de homens"*. É a chamada "Terceira Via" na qual o Nacionalismo Revolucionário Fascista poderia encontrar-se com o Socialismo Revolucionário Comunista.

Bombacci é progressivamente posto de lado no seio do PCI e condenado ao ostracismo político; não obstante continuou a ter contactos com alguns líderes russos e com a embaixada russa para a qual ele trabalhava, e para além do mais, um dos seus filhos estava a viver na URSS.

Ele acreditava sinceramente na Revolução Bolchevique e, ao contrário dos seus camaradas italianos, acreditava que os russos tinham um sentido nacional da Revolução pelo qual ele nunca renegaria a sua amizade pela URSS, nem mesmo quando ele se juntou definitivamente ao fascismo. Com a expulsão definitiva do partido em 1927, Bombacci entra numa fase que podemos qualificar como os *anos silenciosos* que se prolongam até 1937, quando ele lançará a sua casa editorial e revista homónima baptizada *La Veritá* (A Verdade) e que culminará em 1943 numa *conversão* progressiva em direcção ao fascismo. Contudo é demasiado simplista considerar que Bombacci simplesmente se juntou ao fascismo de armas e bagagens como fazem aqueles que o acusam de ser um *traidor*. Testemunharemos um lento processo de aproximação, não ao fascismo mas a Mussolini e à ala esquerda do movimento fascista, onde Bombacci se sente confortável e entre os seus, muito próximo das concepções revolucionárias deste fascismo, do seu corporativismo e das suas leis sociais, das quais ele dirá em 1928, reconhecendo a sua identificação[4] que *"cada postulado é um programa socialista"*.

Pelo exposto acima podemos afirmar claramente que Bombacci não é um fascista mas defende os sucessos do regime e a figura de Mussolini. Ele não se aproximou do Partido Fascista - ele nunca se juntou ao Partido Nacional Fascista - apesar da sua reconhecida amizade com Mussolini, ele nunca aceitou nenhuma das posições que lhe eram oferecidas, nem nunca renegou as suas origens comunistas. Ele valorizava mais a sua independência. Contudo, convenceu-se de que o Estado corporativo proposto pelo fascismo era a mais perfeita realização, socialismo levado à prática, um estádio superior ao comunismo. Ele nunca camuflaria os seus ideais. Em 1936 ele escreveria na revista *La Veritá*, confessando a sua adesão ao fascismo mas também ao comunismo:

"O fascismo fez uma grandiosa Revolução Social. Mussolini e Lenine. Estado fascista corporativo e soviético, Roma e Moscovo. Fomos bastante longe para nos arrependermos, não temos nada de que pedir perdão, pois tanto no presente como no passado somos impelidos pelo mesmo ideal: o triunfo do trabalho"[5].

Enquanto isso, Bombacci tem uma longa troca epistolar com o Duce tentando influenciar o antigo socialista nas suas políticas sociais. O grande historiador do fascismo, Renzo de Felice, escreveu acerca disto que Bombacci tem o mérito de ter sugerido a Mussolini mais do que uma das medidas adoptadas nos anos de 1930[6]. Numa das suas cartas, datada de Julho de 1934, ele propõe um programa de autarcia económica (que Mussolini aplicaria) que, diz Bombacci ao Duce, mostra a sua *"vontade de trabalhar mais no que interessa mais, no interesse e para o triunfo do Estado Corporativo..."*, tal como ele também faz a partir das páginas da sua revista onde, sem

---

[4] Sobre a ala esquerda do fascismo ver: Luca Leonello Rimbotti, *Il fascismo di sinistra. Da Piazza San Sepolcro al congresso di Verona*, Roma, Setiimo Sigillo, 1989. Bem como *La Sinistra fascista. Storia di un progetto mancato*, Bolonha, Ii Mulino, 2000

[5] Citado por Arrigo Petacco, *Il comunista in camicia near. Nicola Bombacci tra Lenin e Mussolini*, Milão, Mondadori Editori, 1996, p. 115.

[6] *Mussolini il Duce. II. Lo Stato totalitario 1936-1940*, Turim, Einaudi, 1981 (2ª edição, 1996), p. 331.

cessar, batalha por uma autarcia que faça da Itália um país independente e também com capacidade para enfrentar as potências plutocráticas (querendo dizer com isto os EUA, mas também a França e a Inglaterra). Para tal ele apoia decididamente a intervenção de 1935 na Etiópia, não como uma campanha colonial mas como um prelúdio do choque entre os países "*proletários*" (entre os quais estaria a Itália Fascista) e os "*capitalistas*" que irremediavelmente virá, "*a Revolução Global* (que) *restabelecerá o equilíbrio mundial*". A acção italiana seria uma "*típica e indiscutível conquista proletária*" destinada a derrotar as potências "*capitalistas*" e cuja experiência "*tem de ser assumida... como uma data fundamental para a redenção dos povos de cor, mesmo que sob a opressão do mais terrível capitalismo*"[7].

Contra Estaline

O período de 1936 a 1943 foi difícil para o fascismo, devido ao início de conflitos armados que prenunciaram a derrota. É neste período que Bombacci aprofunda a sua aproximação ideológica a Mussolini. Ele é já um homem de quase 60 anos, viu muitos dos seus sonhos socialistas não se tornarem realidade, mas é um eterno idealista e não está disposto a abandonar a luta pelo socialismo, por "*aquele trabalho de redenção económica e elevação espiritual do proletariado italiano que nós socialistas iniciámos desde a primeira hora*". A sua casa editorial é uma ruína económica: os seus biógrafos deixaram registos das necessidades económicas e dificuldades que ele sofre. Um passo oportunista ter-lhe-ia bastado, tivesse ele integrado o fascismo *oficial* e teria tido toda a assistência do aparelho de estado à sua disposição, mas ele não queria perder a sua independência embora, de tempos a tempos, tenha de aceitar subvenções do Ministério da Cultura Popular.

---

[7] A correspondência de Bombacci para Mussolini (mas não a de Mussolini para o primeiro) está parcialmente conservada no Arquivo Central do Estado italiano (ACS) num in folio especial.

Com esta fase coincide uma profunda reflexão acerca dos seus erros passados e uma série de ataques contra o comunismo russo. Assim, escreve Bombacci em Novembro de 1937, as relações entre a URSS e os países democráticos só poderia ter uma explicação, que por sua vez explicaria tudo o resto: *"só existe uma razão, frívola, vulgar, mas real: interesse, dinheiro, negócio"*, devido a isso este antigo comunista podia declarar abertamente que *"proclamamos de consciência limpa que a Rússia bolchevique de Estaline tornou-se numa colónia do capitalismo internacional-hebreu-maçónico"*. A alusão anti-semita não é novidade em Bombacci, nem nos teóricos socialistas do princípio do século, pois não devemos esquecer que o moderno anti-semitismo teve os seus mais fervorosos apoiantes precisamente entre os doutrinários revolucionários de fins do século XIX quando o Judeu encarnou a figura do odiado Capitalista. Em Bombacci não encontramos um anti-semitismo racialista mas social, de acordo com as teorias mediterrânicas do problema judaico, diferenciadas do anti-semitismo alemão ou francês.

Aquando do advento da 2ª Guerra Mundial, especialmente quando deflagra na frente Leste, Bombacci participa por inteiro nas campanhas anti-comunistas do regime. Como líder comunista que viajou para a URSS a sua voz é ouvida. Não nos deixemos incorrer em erro: ele não renega os seus ideais, mas elabora a sua tese de que Estaline e os seus acólitos traíram a Revolução. Ele escreve numerosos artigos contra Estaline, sobre as reais condições de vida no chamado *Paraíso Comunista*, as medidas adoptadas por aquele para destruir todos os sucessos do leninismo socialista. Em 1943, pouco antes da queda do fascismo, Bombacci concluiu sumarizando a sua posição num panfleto de propaganda:

"Qual das duas revoluções, a fascista ou a bolchevique deixará uma marca no século XX e permanecerá na História como a criadora de uma nova ordem de valores sociais e palpáveis?

...Roma ganhou!

...A materialista, semi-bárbara Moscovo, com um capitalismo totalitário em que o Estado é o empregador, quer apoiar em marcha forçada (planos quinquenais), conduzindo os seus cidadãos à mais extrema miséria, a existente industrialização em países que durante o século XIX suportaram o processo de um regime burguês capitalista. Moscovo completa a fase capitalista.

...Roma é uma coisa muito diferente.

...Moscovo, com a reforma de Estaline, apresenta-se institucionalmente como qualquer outro Estado parlamentar burguês. Economicamente há uma diferença substancial porque, enquanto nos Estados burgueses o governo é formado por delegados da classe capitalista, em Moscovo o governo está nas mãos da burocracia bolchevique, uma nova classe que na realidade é pior do que a classe capitalista porque sem qualquer controlo tem à sua disposição o trabalho, a produção e a vida dos seus cidadãos..."[8].

A República Social Italiana

Quando Mussolini é deposto em Julho de 1943, e salvo pelos alemães alguns meses depois, o Partido Nacional Fascista colapsa. A estrutura orgânica desapareceu, os quadros do partido, originários das camadas privilegiadas da sociedade, desertaram massivamente para o governo de Badoglio e a Itália encontra-se dividida em duas (a Sul de Roma os Aliados empurram para Norte). Mussolini reagrupa os mais fiéis, todos eles camaradas desde a primeira hora e jovens entusiastas, quase nenhum quadro de alto escalão, que ainda acreditavam na Revolução Fascista, e proclama a República Social Italiana. Imediatamente o fascismo parece regressar às suas origens revolucionárias e Nicola Bombacci junta-se à proclamada República, apoiando totalmente Mussolini. O seu sonho é alcançar a construção daquela "República de Trabalhadores" pela qual tanto ele como Mussolini lutaram juntos no princípio do século. Tal como Bombacci, outros bem conhecidos intelectuais de esquerda juntaram-se ao novo governo como Cario Silvestri (deputado socialista e defensor da memória do Duce no pós-guerra), Edmondo Cione (filósofo socialista que será autorizado a criar um Partido Socialista

---

[8] Nicola Bombacci, *I contadini nell'Italia di Mussolini*, Roma, 1943, pp. 34 a.n.

separado do Partido Fascista Republicano), etc.

Bombacci tem o primeiro contacto com Mussolini no dia 11 de Outubro, apenas um mês após a proclamação da RSI, e é epistolar. Bombacci escreve a Mussolini de Roma, uma cidade onde o fascismo colapsou clamorosamente, onde os romanos destruíram todos os símbolos exteriores do anterior regime, mas onde ainda permaneceram muitos fascistas convictos, e é agora o momento que ele escolhe para declarar a sua fidelidade a Mussolini. Não quando tudo era alegria e festa mas nos momentos difíceis como apenas verdadeiros camaradas fazem:

"Estou hoje mais do que nunca totalmente convosco"- revela-lhe Bombacci. "A vil traição do rei e de Badoglio trouxe de forma completa a ruína e a desonra sobre a Itália, mas libertou-vos dos compromissos pluto-monárquicos de [19]22.

Hoje o caminho é claro e por aquilo que vejo uma pessoa só pode voltar-se para o apoio ao socialismo. Antes de mais: a vitória militar.

Mas para assegurar a vitória vós deveis assegurar o apoio das massas proletárias. Como? Com feitos decisivos e radicais no sector sindicalista económico-produtivo...

Sempre ao vosso dispor, com uma grande estima que já dura há trinta anos."

Mussolini, muito preocupado com a situação militar, mas mais decidido do que nunca a levar a sua revolução até ao fim, agora que se libertou das amarras do passado, autoriza os sectores mais radicais do partido a iniciar uma fase denominada "Socialização" (nome proposto por Bombacci e aceite pelo Duce) que resultará na proclamação de leis de clara inspiração socialista no que respeita à criação de sindicatos, empresas co-geridas, distribuição de lucros, nacionalização de sectores cruciais da indústria. Tudo isto sumariado nos 18 pontos do primeiro (e único) Congresso do Partido Fascista Republicano em Verona, um documento composto por Mussolini e Bombacci, que deveria ser convertido na base do Estado Social Republicano. No que à política externa diz respeito ele tentará convencer Mussolini de que um acordo de paz com a URSS tem de ser feito e continuar a guerra contra a plutocracia anglo-saxónica, ressuscitando o eixo Roma-Berlim-Moscovo dos pensadores geopolíticos dos anos de 1920, uma proposta que parece ter ganho peso em Mussolini que escreverá vários artigos na imprensa republicana sobre isto, muito embora ele soubesse que esta proposta tinha a oposição tenaz de um grande sector do partido, particularmente Roberto Farinacci. Bombacci viaja para o Norte e instala-se próximo do seu amigo Walter Mocchi, outro líder comunista veterano convertido ao fascismo mussoliniano que trabalha para o Ministério da Cultura Popular.

Se para muitos o último Mussolini era um homem quebrado, um fantoche dos alemães, não podemos deixar de ficar surpreendidos com a adesão que ele recebeu de homens como Bombacci, um verdadeiro idealista, de estatura alta, longa barba e oratória atractiva, alérgico a qualquer forma de enquadramento e burguesismo, que mesmo agora não aceitará quaisquer salários ou vencimentos (apenas nos princípios de 1945 o seu nome aparecerá numa lista de nomeações do Ministério da Economia como Chefe da Associação Unificada do Trabalho e da Técnica). Bombacci converter-se-á no assistente pessoal e confidente de Mussolini, para de novo atrair os trabalhadores para a base do partido. Ele propõe a criação de comités sindicais, abertos a militantes não-fascistas, eleições sindicais livres, viajará pelas industrializadas fábricas do Norte (Milão-Turim) explicando a revolução social do novo regime e as razões da sua fidelidade a este. Parece que o velho combatente revolucionário rejuvenesce de novo. Depois de um encontro em Verona e diversas visitas a empresas socializadas, ele escreve ao Duce em 22 de Dezembro de 1944: *"Falei uma hora e meia num teatro entusiástico e conquistado... a audiência, composta na sua maioria por trabalhadores, vibrava gritando: sim, nós queremos lutar pela Itália, pela República, pela Socialização... de manhã visitei a Mondadori, já socializada, falei com os trabalhadores que formam o conselho de gestão, os quais achei cheios de entusiasmo e compreensão por esta nossa missão"*. Entretanto a situação militar deteriorava-se cada vez mais e os grupos terroristas comunistas (os tragicamente famosos GAP) já tinham decidido eliminá-lo devido ao perigo que a sua actividade trazia aos seus objectivos.[9]

Mas a guerra está a chegar ao fim. Benito Mussolini, aconselhado pelo antigo deputado socialista Cario Silvestri e por Bombacci, propõe entregar o poder aos socialistas, integrados no Comité de Libertação Social, que prefere aos líderes de direita no Sul. Não obstante, falham.[10] Em Abril de 1945, as autoridades militares alemãs rendem-se aos Aliados, sem terem informado os italianos, e é o fim. Abandonado e sozinho.

Um crepúsculo nacional-revolucionário

Durante os últimos meses da RSI, Bombacci continuou, mesmo então, a campanha para recuperar as massas populares e evitar que estas se inclinassem para o bolchevismo. Num panfleto intitulado *Isto é Bolchevismo,* publicado em fins de 1944, reproduzido no jornal católico *Crociata Itálica* em Março de 1945, Bombacci insiste nos desvios estalinistas do verdadeiro comunismo, que destruiu o verdadeiro sindicalismo revolucionário europeu com as interferências russas. Nestas últimas semanas de vida da experiência

---

[9] Mais de 50 000 fascistas serão executados por estes grupos terroristas ao longo destes dois anos e outros 50 000 na trágica Primavera-Verão de 1945. Eles tinham especialmente em mente aqueles líderes fascistas que tinham uma auréola de popularidade e que poderiam incarnar uma face mais populista do fascismo. O caso mais destacado foi o do filósofo Giovanni Gentile, o qual deu lugar inclusive a protestos até dentro da mesma resistência anti-fascista. Existe uma extensa bibliografia relativa a estes factos, contudo hoje em dia têm sido feitas tentativas para reduzir os números e o impacto desta sangrenta guerra civil.

[10] É curioso reconhecer como em vários países europeus, no final da guerra, os únicos elementos fiéis à nova ordem são as chamadas alas "proletárias" dos movimentos nacional-revolucionários, e que a entrega do poder seja negociada com os grupos socialistas de resistência em vez de com os comunistas ou burgueses. Isto acontecerá na Noruega, onde os sectores sindicais propõem um governo de coligação à resistência social-democrata em Abril de 1945, ou em França onde depois da queda do governo do Marechal Pétain no Outono de 1944, Marcel Déat e Jacques Doriot lutam para estabelecer um governo socialista.

republicana, Bombacci posiciona-se com aqueles que ainda acreditam que uma solução de compromisso com o inimigo é possível, evitando assim a ruína do país. Leal até ao fim, permanecerá com Mussolini, mesmo quando tudo já está definitivamente perdido. Profeticamente, ele fala disto aos seus trabalhadores numa das suas últimas aparições públicas, em 14 de Março de 1945:

"Irmãos em fé e luta... eu não reneguei os meus ideais pelos quais tenho lutado e pelos quais, se Deus me conceder viver um pouco mais, eu lutarei sempre. Mas agora, encontro-me nas fileiras das cores que apoiam a República Social Italiana, e regresso a vós de novo porque isto agora é a sério e é verdadeiramente crucial reclamar os direitos dos trabalhadores..."

Nicola Bombacci, sempre fiel, sempre sereno, acompanhará Mussolini na sua jornada dramática e final para a sua morte. A 25 de Abril ele está em Milão. O relatório de Vitório Mussolini, filho do Duce, do seu último encontro com o seu pai, o qual estava acompanhado de Bombacci, mostra-nos a interinidade do último.

"Eu pensei sobre o destino deste homem, um verdadeiro apóstolo dos proletários, em tempos um feroz inimigo do fascismo, e agora ali de pé ao lado do meu pai, sem qualquer posição ou remuneração, fiel a dois líderes diferentes até à morte. A sua calma confortou-me."[11]

Um pouco mais tarde, depois de Mussolini se ter afastado dos seus últimos fiéis, para poupá-los a terem de partilhar o seu destino, Bombacci é preso por um bando de partisans comunistas juntamente com um grupo de hierarcas fascistas. Na manhã de 28 de Abril enfrentou o pelotão de fuzilamento em Dongo, na zona Norte do país, ao seu lado estavam Barracu, um valoroso veterano, um mutilado de guerra; Pavolini, o secretário-poeta do Partido; Valerio Zerbino, um intelectual; Copolla, outro pensador. Todos gritaram perante o pelotão de fuzilamento que os assassinou: *"Viva a Itália!"*, enquanto, e pouco menos do que paradoxalmente, um fiel reflexo da

---

[11] *La vida con mi padre*, Madrid, Ediciones Cid, 1958, p. 267

personalidade controversa de Nicola Bombacci, ele, enquanto o seu corpo caía esburacado pelas balas dos comunistas, gritaria: "*Viva o Socialismo!*"

II
Uma experiência Revolucionária, a República Social Italiana, 1943-1945

Tão denegrida - inclusivamente por aqueles que se declaram os herdeiros do fascismo - como desconhecida, a última fase do fascismo italiano desenvolveu uma intensa radicalização nas suas teorias nacional-revolucionárias. Uma experiência que era levada à prática e que originou alguns resultados esperançosos, assustando alguns sectores marxistas da resistência anti-fascista devido aos seus sucessos alcançados em apenas vinte meses de governo Social-Republicano fascista.

Nasce a República Social Italiana

Em Julho de 1943, Mussolini é deposto pelo Grande Conselho Fascista e preso. Entretanto os hierarcas fascistas, os altos comandos militares e a Casa Real negoceiam com os Aliados anglo-americanos para colocar um fim nas hostilidades e mudar de lado. Para muitos é o fim do *Vintennio* fascista que começou no princípio dos anos de 1920 e que transformou a Itália num país moderno e industrializado. Um militar é nomeado para a chefia do governo, o Marechal Badoglio, com a aprovação do monarca, com o objectivo de tentar sair da profunda crise na qual o país se encontrava depois de vários anos de guerra: tropas Aliadas em solo italiano, o país convertido num campo de batalha e grande parte da opinião pública desmoralizada. Em toda a Itália, os símbolos do fascismo são destruídos: a sede do Partido Nacional Fascista é assaltada pela populaça; os quadros do partido rasgam os seus cartões de militante e passam à clandestinidade, com medo de represálias. De um dia para o outro um regime que tinha gozado de um vasto consenso social desvanece-se, sem qualquer oposição - nenhuma. Em 8 de Setembro, Badoglio anuncia um armistício unilateral com o Aliados: a guerra está acabada, acreditam todos aqueles que se congratularam com a derrocada do fascismo, de igual modo o exército colapsa e os soldados simplesmente pousam as armas e vão para casa. A tragédia de 8 de Setembro, iniciada em 25 de Julho, foi o corolário de um dramático terramoto material e moral das próprias fundações da Nação italiana. Esgotados por anos de luta, desencorajados e assustados, sem um líder, os italianos saltam para o precipício. As tropas Aliadas já ocupam a metade Sul do país, estando a escassos quilómetros de Roma. No entanto são muitos os fascistas que ainda têm um forte desejo de permanecer fiéis aos seus ideais, ao seu compromisso com o aliado alemão, com o Duce. Para esses o dia 8 de Setembro foi um dia negro, um dia de luto nacional, de desonra, que tem de ser emendado. É dever de cada um manter a tocha acesa, não se podem trair os princípios pelos quais tantos italianos têm sido sacrificados, é imperioso que Mussolini regresse e conduza as Legiões Negras para reconquistar o país. Eles são o outro lado do conflito que está a gerar uma sangrenta guerra civil. É neste clima que nasce a República Social Italiana.

Tendo isso em mente (a necessidade de recuperar Mussolini), os alemães socorrem-no e libertam-no a 12 de Setembro. A 18 ele dirige-se aos italianos num discurso radiofónico: há muitos ainda duvidosos, mas os mais fiéis recebem-no com uma vaga de entusiasmo popular. O *Duce* regressa para tomar as rédeas de Itália, da zona Norte que não foi ocupada pelas tropas anglo-americanas, e para se colocar à cabeça de um gabinete que pode restaurar a honra de Itália e fazer o seu melhor para evitar as dificuldades que a situação belicosa acarreta à população civil. A 15 de Setembro, Mussolini já se encontrou mais uma vez com Hitler. Nesse encontro, este último convence-o (Mussolini estava a considerar retirar-se) de que ele deve regressar a Itália porque caso contrário a Alemanha não teria outra escolha a não ser tratar o país como um campo de batalha e como uma Nação ocupada como alguns dos seus colaboradores lhe exigem. Mussolini não tem saída. Ele confidencia ao seu filho Vittorio: *"não há outro caminho: é necessário salvar a Itália de desastres maiores."*

Obviamente Hitler considera o derrube de Mussolini quase um insulto pessoal, mas primeiro e antes de tudo ele tem consciência da sua capacidade de organização e sabe que a sua liderança pode servir para evitar que a Itália se afunde no caos e que os Aliados avancem mais rapidamente na direcção do centro do continente. A feroz resistência de italianos e alemães na península itálica, que os Aliados nunca conseguiram quebrar, demonstrará que Hitler não estava enganado. O dilema de Mussolini e a decisão de assumir a chefia do novo Fascismo Republicano, é um dos capítulos da vida do *Duce*, que mais deverá contribuir para aumentar o seu mito entre as posteriores gerações de fascistas. Mussolini não abandonou os seus fiéis quando pôde. Nem os traiu e, mais importante de tudo, fê-lo só e exclusivamente pelo amor à Pátria. O mais reputado historiador do fascismo, insuspeito de um passado fascista, o italiano Renzo de Felice, escreveu *"Mussolini, quer gostemos quer não, aceitou o projecto de Hitler por patriotismo: um verdadeiro sacrifício no altar da defesa de Itália. Não foi devido a um desejo de vingança... nem por ambição política... tudo já se tinha desvanecido. Mussolini regressou ao poder para servir a Pátria."*

A situação moral na qual os fascistas se encontram, e em primeiro lugar Mussolini, é de queda clara. Eles acreditam que o tempo da derrota chegou e sentem vergonha só de comentar o que sucedeu. Um desdém que eles sentem no ar cada vez que têm de contactar com os alemães. A deserção de Badoglio provocou um cataclismo no sentimento nacional italiano, inclusivamente entre antifascistas foi considerado um insulto à honra da Pátria, e a credibilidade do fascismo sofreu consideravelmente. Mesmo em países tão próximos do fascismo italiano, como Espanha, o derrube e o posterior armistício foram considerados como o fim para Mussolini. Na Espanha franquista a censura de ferro permitiu a publicação, em

1943, de um livro por um correspondente espanhol em Itália, Ismael Herraiz, que causou comoção e do qual várias edições foram impressas, intitulado *Itália, fora de combate*, o qual poderia prever uma mudança similar em Espanha.[12]

Imediatamente depois o *Duce* decreta cinco breves ordens do dia que são simultaneamente tornadas públicas. Na primeira ele anuncia que assume, de novo, a liderança suprema do fascismo; na segunda nomeia Alessandro Pavolini como secretário do Partido Fascista Republicano; na terceira ordem do dia ordena a todas as autoridades, tanto militares como civis, para reassumirem as suas posições, incluindo aqueles que possam ter sido destituídos por Badoglio; na quarta declara que ele restaurará o partido, apoiará o exército alemão na sua luta contra os Aliados, dará assistência ao povo e procurará um castigo exemplar para os traidores; na quinta e última ordem do dia reorganiza a Milícia de Voluntários para a Segurança Nacional (MVSN) que é como quem diz a milícia do partido. Imediatamente reconstrói o partido, que rebaptiza como Partido Fascista Republicano, que em poucas semanas recebe o apoio de 250000 militantes, um número que nos mostra a larga afeição que a figura de Mussolini despertava no povo italiano, ainda mais se tivermos em mente que algumas semanas antes as suas imagens estavam a ser destruídas nas ruas e tudo parecera estar perdido. Ele estava consciente de que não podia confiar nas antigas hierarquias do partido (Igreja, Patronato, Exército, Aristocracia) que antigamente, no *Ventennio* fascista tinham estado tão diligentemente ao seu lado e que numa questão de dias se tinham revelado como traidores. Devido a isto, ele rodeia-se de novos e entusiásticos quadros, a maior parte deles veteranos fascistas, "velhos camisas" que tinham sido relegados pelos oportunistas durante aqueles anos para organizações como a ala sindical ou juvenil onde se pensava que eles estariam numa posição incapaz de causar dano aos poderes tradicionais. Entretanto as Forças Armadas são reorganizadas, agora segundo um modelo de exército popular e político (700 mil homens passarão pelas suas fileiras), e a administração do Estado. Em

---

[12] *Italia fuera de combate*, Madrid, Ediciones Atlas, 1944 (8ª edição).

poucos meses Mussolini teve de novo sucesso em levantar uma Itália derrotada, enchendo os seus militantes de esperança.[13]

Itália-República-Socialização!

Desapontado pelo seu inequívoco falhanço na tentativa de atrair os estratos conservadores da sociedade (Igreja-Exército-Patronato) Mussolini não tem a mínima dúvida e regressa às suas origens socialistas, e regressa aos seus camaradas da primeira hora que deram a sua lealdade ao fascismo, devido ao seu pendor Nacional e Social. Não foi em vão que o primeiro fascismo foi considerado como uma reacção radical-sindicalista antes de ser neutralizado. Perante um grupo de velhos veteranos fascistas milaneses, Mussolini lança a sua proclamação, base do novo estado proletário e sindical, que ele desejava construir:

"Alguns ainda nos perguntam: o que querem vocês? Nos respondemos com três palavras que sumarizam o nosso inteiro programa: Aqui estão elas... Itália, República, Socialização.

.. Socialização não é mais do que a implantação de um socialismo italiano, humano, nosso e possível; e eu digo "nosso", já que ele constitui a única fundação da economia, afastando as alavancagens mecânicas, não existentes na Natureza e impossíveis na História."[14]

Tudo isto foi materializado no famoso "Manifesto de Verona" onde o partido tinha celebrado o seu primeiro, e único, congresso em Novembro de 1943. Lido por Pavolini, o secretário-geral do partido e escrito pelo próprio *Duce*, os 18 pontos que o constituem são todos eles um apelo a favor de uma República dos Trabalhadores, com o

---

[13] Pouco ou nada tem sido escrito sobre a República Social Italiana fora de Itália; para os leitores castelhanos recomendamos, embora sejam apenas memórias, não obstante muito bem documentadas, o trabalho de quem se tornaria um senador do MSI, Bruno Spampanato, *El último Mussolini*, Ediciones Destino, Barcelona, 1957. Para trabalhos de tom mais académico, em italiano: *La Reppublica Sociale Italiana 1943*-1945, VA, Fondazione Luigi Micheletti, Brescia, 1986; Franco Massobrio e Umberto Guglielmotti, *Storia della Reppublica Sociale Italiana*, CEN, Roma, 1978.

[14] Mussolini dirigindo-se aos fascistas milaneses e a oficiais da Brigada Negra "Resega", a 14 de Outubro de 1944, op. cit, Spampanato, pp. 682-683.

ultrapassar definitivo do capitalismo e um regresso à co-gestão das empresas pelos trabalhadores e uma exaltação do sentimento nacional que deveria servir como base para o desenhar de uma futura Constituição da República. Como era de esperar o Manifesto foi assumido com esperança pelos sectores do partido mais radicais e revolucionários, enquanto os mais conservadores viram com desagrado o aumento da influência dos sindicalistas e dos revolucionários em torno de Mussolini. O fascismo republicano não se parece de todo com o vivido em Itália alguns anos antes, e foi, como disse o investigador italiano do fenómeno, Luca L. Rimbotti, *"desde a primeira hora, uma vontade de ultrapassar a política gradualista e condicionada do Ventennio para resolutamente ir ao núcleo da questão"*.

A RSI será, muito mais do que no Ventennio, uma verdadeira tentativa para *politizar* e criar um Estado construído sobre uma ideologia social e revolucionária. Nesta ocasião o Partido Fascista não mostrará a mesma condição totalitária mas a evolução da guerra, a imposição de medidas revolucionárias do seu próprio programa político e a militarização dos seus militantes como consequência da guerra civil experimentada pela Itália naqueles meses transformam o Partido Fascista Republicano na espinha dorsal de toda a história do último Mussolini. Igualmente o primeiro, e único, congresso de Verona do Partido Fascista Republicano é essencial para que possamos ter uma visão completa das posteriores políticas da RSI, pelo que dedicaremos uma atenção especial a este evento que deverá marcar um antes e um depois na ideologia do fascismo, sendo que nós podemos considerar que em Verona são lançadas as bases da moderna ideologia neo-fascista que até ao dia de hoje continuam a estar presentes em Itália com diversos partidos políticos.

Entre as primeiras medidas ditadas por Mussolini a 15 de Setembro estava a nomeação de Pavolini como, provisoriamente diz a ordem, Secretário do novo partido *"que a partir deste dia será chamado Partido Fascista Republicano"*. Imediatamente as várias federações fascistas na zona livre (não ocupada pelos Aliados) reabrem as sedes do partido que tinham permanecido fechadas durante as confusas jornadas daquele Verão. Há numerosos testemunhos de confusão e incerteza, presentes a princípio, pouco depois transformados num fanático e paciente activismo político. Em praticamente todas as cidades as federações organizam-se, lideradas por militantes fascistas que elegem em assembleias improvisadas os seus corpos dirigentes até as directivas começarem a ser emanadas do secretariado-geral. Como Romualdi recorda, ele que será o vice-secretário do partido e membro do Directório Nacional durante este período, o partido foi rapidamente reconstituído:

"Entre 15 e 30 de Setembro, pode dizer-se que o restabelecimento da actividade fascista no território de Nápoles a Bolzano foi absoluta. As adesões, muito modestas nos primeiros dias, atingirão nos meses vindouros a cifra notável de cerca de meio milhão de filiados...

A federação que viu o maior número de adesões foi Roma, com 35000 filiados. Seguida por Milão com 20000 e Ferrara que depois do crime Ghisellini vê os seus filiados explodir no espaço de três dias de um já notável número de 8000 para 14000. Depois vinha Veneza, Turim e Génova."

É interessante destacar o veloz crescimento do partido, em dois meses terá 250 000 filiados, alcançando quase meio milhão em 1944 num momento em que a prudência estava na ordem do dia para a larga maioria da população. Os partidos da resistência anti-fascista tinham o mesmo problema, eles também não podiam contar com apoio e militantismo por parte da generalidade da população, como em todos os conflitos 90% preferiram a solução mais fácil. Em termos percentuais o PFR enquadraria mais de 3% da população, o que é um número muito alto (deve-se ter em mente que o Partido Nacional-Socialista tinha apenas 0,9% quando subiu ao poder em 1933) e ainda mais nestas circunstâncias quando represálias partisans estavam na ordem do dia contra as famílias daqueles que ousavam mostrar publicamente o seu apoio ao fascismo.

Já vimos como Pavolini se tinha mudado para Roma em Setembro para reorganizar o partido e recrutar algumas figuras bem conhecidas para o novo governo. Em Roma ele nomeia um directório provisório, que deverá agir como um órgão central do partido, e ordena ao mesmo para retomar as suas actividades. O directório definitivo do Partido Fascista Republicano apenas será nomeado em 22 de Janeiro de 1944 quando o *Duce* aprova a sua composição. À sua cabeça encontraremos homens da absoluta confiança de Pavolini que se irão ocupar dos vários serviços do partido: delegados regionais, delegados para os territórios ocupados (fascismo clandestino na zona Sul), alas juvenis, delegados para as relações externas, a Associação Nacional de Veteranos, Caídos pela causa Fascista, voluntários nacionais, etc.

A 28 de Outubro de 1943, uma grande assembleia dos militantes do novo partido tem lugar em Roma. Na capital, com menos de quatro semanas de existência, o partido já tinha registado mais de 10000 membros. Os velhos ficheiros do Partido Nacional Fascista não foram usados pela nova formação dado que muitos dos seus membros estavam agora ao lado dos Aliados e devido ao desejo dos novos líderes fascistas de criar uma nova base militante. A assembleia, que acaba com uma manifestação pública encabeçada pelo *federale* Bardi na praça Colorína, em frente da sede do Partido, junta mais de 4000 militantes fascistas. Como os serviços de informações militares alemães confidenciam no mesmo dia, a manifestação causou estupefacção porque o ambiente vivido na altura na cidade eterna era um de tensa expectativa, aguardando que os Aliados entrassem na cidade, vendo como milhares de fascistas faziam uma profissão de fé pública, depois de terem vivido a amarga jornada do Verão, quando foram perseguidos pela populaça que tinha saído às ruas, além do mais convenceu a população de Roma, que na sua larga maioria se mantinha afastada de qualquer actividade política, de que o fim da guerra não estava tão perto como se tinha pensado a princípio.

A primeira grande manifestação pública, de um transcendente nível nacional, que deveria servir para desenhar o programa do partido em elaboração, terá lugar em Verona. Será o primeiro congresso do Partido Fascista Republicano e tinha como objectivo primário a discussão da nova Constituição Republicana, o primeiro passo para convocar uma assembleia constituinte legislativa que estabeleceria as fundações para o novo Estado. Ao congresso assistiriam os novos líderes provinciais, alguns governadores provinciais e membros do gabinete. O *Duce* deveria presidir ao congresso do PFR.

A 14 de Novembro o congresso reuniu-se, baptizado como *I^a Assemblea Nazionale del P.F.R.*, na cidade nortenha de Verona, no auditório principal, o Salão de Música, de Castlevecchio, a fortaleza da cidade. Delegados sindicais e do partido participaram, representando os cerca de dois mil membros filiados. Um vasto espaço, decorado com velhos lictores fascistas e uma única bandeira, a da República Social, à direita da mesa da presidência. Do lado de fora os delegados aguardam a sua entrada; uma mistura de esquadrões e militares, trabalhadores e funcionários públicos, com vários uniformes, armas presas nos cintos, carregando metralhadoras, o que deu um ambiente especial ao congresso, o único traço comum sendo a camisa negra. Muitos deles eram veteranos do fascismo da primeira hora que responderam à chamada do *Duce* nesta nova fase, outros eram jovens com o desejo de reviver aqueles mitos. Estavam presentes Ricci, o comandante da milícia; o ministro da Justiça, Pisenti; o ministro das Obras Públicas, Romano; o da Economia Corporativa, Gay; o líder da província de Verona, Cosmin; e outros. O congresso durou apenas um dia, repartido por duas sessões: uma de manhã e outra de tarde com intervenções dos delegados e a aprovação de todos os pontos da ordem de trabalhos.

Alessandro Pavolini presidiu à assembleia, em roupas civis mas com uma camisa negra (ele não usará uniformes regularmente até ao Verão de 1944). O congresso abriu com a leitura de uma mensagem de Mussolini que não pôde estar presente (na verdade ele desejava que o partido atingisse independência do Estado e ver o mito acerca da sua pessoa desmascarado, pois tinha demonstrado a sua inutilidade aquando do golpe de Badoglio). O *Duce* apelou à necessidade de os militantes fascistas, *"em armas de novo"*, defenderem a República Social dando-lhe um autêntico significado revolucionário como o primitivo fascismo tinha dado. *"É tempo de começar de novo. Tudo aquilo que nos resta é uma vontade forte acompanhada por uma fé dogmática...*" neste momento no qual "*tudo está disperso, destruído, perdido*".

Depois o secretário-geral Pavolini leu a comunicação principal onde a questão do terrorismo era um assunto central. Para muitos dos participantes esse era um assunto premente do dia-a-dia: defender as suas famílias e camaradas dos ataques terroristas. Sendo assim o partido declarou guerra sem quartel contra os partisans, *"sem brandura"* disse Pavolini, como os primeiros declararam contra o fascismo. Ele afirmou, contudo, que a organização do partido devia, a partir de agora, ser baseada na qualidade dos seus membros e não na quantidade como acontecera no passado, passando para o ponto mais transcendente da ordem do dia: o Manifesto de Verona.

Esta política nacional-revolucionária poderia ter permanecido um mero efeito de propaganda ou propaganda ideológica, mas o governo fascista republicano entra imediatamente em acção. A 30 de Janeiro de 1944, poucos meses depois do Congresso de Verona, a Lei Básica preliminar da Lei da Socialização é promulgada, "*premissa fundamental para a criação de uma nova estrutura económica italiana*", que é materializada pela Ordem Executiva de Socialização aprovada pelo Conselho de Ministros em 12 de Fevereiro do mesmo ano. Nessa lei encontramos princípios como a co-gestão das empresas, nacionalização daquelas [empresas] necessárias para o desenvolvimento da economia nacional, distribuição de lucros, etc.

Um dos aspectos principais, característica da nova fase fascista é a filiação de reconhecidos antifascistas, socialistas e comunistas, que viam com esperança a mudança feita por Mussolini. Portanto personagens como Walter Mocchi (um dos mais falados intelectuais de esquerda, Soreliano, co-fundador do Partido Comunista Italiano), Nicola Bombacci (o "Papa Vermelho" dos anos de 1920 para a burguesia italiana, amigo pessoal de Lenine e fundador do Partido Comunista Italiano), o reputado jurisconsulto Rolandi Ricci, filósofos como Gentile ou Edmondo Cione, o socialista Cario Silvestri (inimigo ferrenho de Mussolini durante o *Ventennio*), convergiram e deram o seu apoio definitivo à República Social, na qual viram materializados os seus sonhos de uma verdadeira República dos Trabalhadores.

Os trabalhadores com Mussolini

O apoio que a RSI recebeu não pode ser compreendido se não pela intensa revolução social que estava a ser levada à prática, atraindo numerosos elementos da esquerda que convergiram para as fileiras do novo Partido Fascista. Mas não podemos esquecer que em Itália a tradição revolucionária estava especialmente enraizada nos círculos operários e que a socialização fascista não era mais do que uma evolução natural de uma concepção nacional-revolucionária da sociedade que existia em Itália desde o começo do século, como o historiador israelita Zeev Sternhell[15] claramente demonstrou.

A reacção a esta reforma foi imediata, e de facto causou uma forte impressão nos trabalhadores, mesmo que no pós-guerra, tentativas tenham sido feitas para minimizar aqueles efeitos. Em muitas fábricas ordens do dia eram votadas, reuniões tinham lugar e moções eram aprovadas. A co-gestão era um facto. Mais de 80 empresas foram Socializadas em poucos meses, juntas empregavam cerca de 150000 trabalhadores. A política de transferência de propriedade dos alojamentos dos trabalhadores foi uma realidade (dias antes do fim da guerra, ainda havia acomodações a serem adjudicadas) enquanto a participação dos trabalhadores nas empresas era um facto. E tendo isso em mente, como Spampanato nos diz, *"a resistência passiva dos industriais, secundada pelo general-engenheiro Leyers, intendente alemão da economia de guerra em Itália, que em boa-fé temiam eventuais distúrbios económicos"*. Esta oposição das classes capitalistas e das autoridades alemãs, sempre relutantes a toda a espécie de experiência que pudesse interferir com o seu esforço de

---

[15] *The Birth of Fascist Ideology: From Cultural Rebellion to Political Revolution*, Princeton University Press; Nova edição (3 de Julho de 1995). Edição espanhola: *El nacimiento de la ideología fascista*, Siglo XXI Editores, Madrid, 1994). Talvez o estudo mais sério e profundo sobre as origens proletárias do fascismo italiano.

guerra, foi apoiada pela estratégia dos antifascistas comunistas e socialistas que viram as suas principais premissas de propaganda assumidas pelos fascistas. Não somos tomados de surpresa pela sede de sangue dos grupos terroristas, atacando líderes sindicais e militantes de base fascistas, subscrevendo uma estranha aliança com o patronato italiano, agora seus companheiros de viagem, com o apoio da Igreja Católica para sabotar a Socialização. Portanto, uma das medidas do pós-guerra do novo governo será a anulação da lei da Socialização que tinha inclusive recebido críticas favoráveis da liderança nacional dos Partidos Comunista e Socialista. Depois da guerra não poucos líderes sindicais fascistas regressarão às fileiras dos sindicatos de classe.[16]

Quando a guerra entra no seu último ano, Mussolini e a sua República Social têm apenas quatro meses de vida, os sectores que o apoiam são os mais desfavorecidos: os trabalhadores. Em todas as fábricas pedem-lhe que avance com as reformas sociais, que obrigue a cumprir a Revolução, enquanto os esquadrões das Brigadas Negras testemunham a chegada de milhares de voluntários às suas fileiras, dispostos e capazes de se sacrificarem a eles próprios pela revolução social mussoliniana. As palavras de Mussolini no seu último e improvisado grande comício público são eloquentes. Foi a 16 de Dezembro de 1944, no Teatro Lírico de Milão, diante de uma multidão de dezenas de milhar de fascistas, originários de todos os cantos da cidade tendo ouvido as notícias de que ele deveria falar ali. Na rua os fascistas amontoam-se, e a maioria deles segue o discurso através dos altifalantes, escutando uma última vez o seu *Duce* no que tem sido considerado o testamento político do *Duce* do fascismo. Por entre aplausos e aclamações, falando entusiasmado sobre a Socialização, Mussolini diz:

"Depois dos últimos acontecimentos estamos dispostos a dar à

---

[16] O trabalho do italiano Pietro Neglie, *Fratelli in camicia nera. Comunisti I fascisti dal Corporativism alla CGIL (1928-1948)*, Mulino, Bolonha, 1996, é uma excelente exposição desta tendência. Não admira que o MSI, herdeiro do Fascismo Republicano, e uma verdadeira força política em Itália até à sua dissolução em 1995, tenha sempre hesitado entre as alas "esquerda" e "direita", a última triunfou, dando origem à Aliança Nacional de Fini, hoje em dia integrada no partido direitista de Silvio Berlusconi.

acção um novo impulso e expandi-la quer no campo político quer no campo social.

Na verdade, mais do que uma nova posição, devíamos dizer mais precisamente: um regresso às posições originais... Mas, agora, a semente já foi semeada. Apesar do que possa ocorrer, esta semente está destinada a germinar... A Socialização fascista é a solução lógica e racional que evita a burocratização da economia através de um Estado totalitário por um lado, ultrapassando o individualismo da economia liberal pelo outro... Deve ser considerada hoje como uma solução que vai ao encontro das exigências dos traços sociais das comunidades nacionais."[17]

Mussolini, um comunista? Não podemos nunca acusá-lo de tal, de facto ele opor-se-lhe-á com a mesma firmeza que usou contra o capitalismo, mas tal como muitos outros bem conhecidos nacional-revolucionários da época, como Drieu la Rochelle em França ou Montero Díaz em Espanha, a solução comunista era preferível do que ver os seus países imersos na corrente pluto-capitalista anglo-americana: *"amanhã, os italianos terão de escolher um senhor. Na certeza desta eventualidade, eu, como cidadão italiano, não hesitaria por um momento sequer em escolher Estaline... Hoje, Estaline está em posição de fazer o que Hitler foi incapaz de fazer mas poderia ter feito com resultados positivos"*[18]

A guerra civil

O aspecto mais triste do período da RSI foi precisamente o espectro de guerra civil, nunca aceite pelos historiadores *resistencialistas* - como o notório historiador Italiano Renzo de Felice os baptizou - que a escondem como uma *guerra de libertação*

---

[17] Rep. in *Storia della Reppublica Sociale Italiana*, Massobrio & Guglielmotti, pp. 1120 to 1151.
[18] Citado em *La agonía de Mussolini*, Giovanni Dolfin, AHR, Barcelona, 1955, pp. 253-255. Secretário pessoal de Mussolini numa dada etapa da RSI, o seu testemunho é no geral inclinado para uma visão excessivamente anti-alemã e pró-conservadora.

contra o ocupante alemão e os seus *cúmplices* italianos (os fascistas). A verdade é bem diferente. Foi uma autêntica guerra civil, com o sofrimento, sangue e desonra que traz. Partisans contra fascistas, italianos contra italianos, teve lugar entre Setembro de 1943, e Maio de 1945, além da outra disputa que estava a ter lugar em solo italiano, a IIª Guerra Mundial e o choque entre o Eixo e os Aliados. O melhor estudo feito sobre a guerra civil italiana tem a autoria do historiador italiano Giorgio Pisano, falecido em 1997, que com a sua obra enciclopédica *Storia della guerra civile in Italia* mostrou todo o horror de um conflito entre irmãos por razões ideológicas, provocado por interesses estranhos à Itália. Não podemos esquecer de que esta guerra é despoletada pelos comunistas quando, tendo recebido ordens de Moscovo, tiveram de evitar a todo o custo que a experiência revolucionária da RSI pudesse consolidar-se. O líder comunista italiano Togliatti lançou o *slogan*, pela rádio Moscovo, para todos os militantes comunistas em Itália: "*Morte aos invasores alemães! Morte aos traidores da Pátria!*" *Slogans* idênticos são difundidos pelos serviços radiofónicos dos Aliados, do Sul: "*Eliminem os fascistas!*". Será uma luta sem quartel. Provocações, represálias, massacres de ambos os lados, mas com uma clara supremacia do horror na guerra levada a cabo pelos comunistas. Acima de tudo deve semear-se o terror, provocar os fascistas para reagir como eles e por esse meio fazer com que a população civil - cerca de 90% da qual eram não-beligerantes, apenas interessados em sobreviver o melhor que podiam - se envolvesse.

O assassínio de Gentile, senador, presidente da Academia Italiana, personalidade intelectual moderada, estranho a todo o ódio, que tinha aderido à RSI por convicção e porque desejava fazer o seu esforço pela reconciliação nacional, marca um antes e um depois na guerra civil. O filósofo florentino, considerado como uma eminência internacional, é abatido pelos comunistas a 5 de Abril de 1944. A sua família suplica aos fascistas que não sejam tomadas mais represálias. O seu assassínio é imediatamente condenado, de todo desnecessário, inclusivé personalidades antifascistas juntam-se à intensa dor, o que leva os comunistas a divulgar a versão de que foram os fascistas quem o tinha assassinado. A sua execução é todo um símbolo da guerra civil. Mas ele não é o único. Os fascistas estavam a ser vítimas de ataques já há meses, como o assassínio do popular *federale* de Ferrara, Igino Ghisellini, abatido pelos *gapistas* comunistas quando conduzia de regresso a sua casa em Novembro de 1943, a sua morte levou a que um grupo de fascistas o vingasse assassinando por sua vez onze conhecidas personalidades anti-fascistas da cidade. De Ghisellini a Gentile, os assassínios de fascistas e de outros afiliados à RSI só pode ser explicado pela intenção, alcançada, do Partido Comunista Italiano de se consolidar como uma força militar capaz de opor-se aos fascistas. O PCI era um partido insignificante e só a guerra civil fez com que ele crescesse o suficiente para se converter no partido hegemónico da esquerda italiana durante décadas no pós-guerra.

A 28 de Dezembro de 1943, os sete irmãos Cervi foram mortos às mãos da *Guardia Nazionale Reppublicana* depois da sua cumplicidade com as acções dos partisans naquela região, Reggio Emilia, ter sido demonstrada. Este episódio foi convertido no símbolo máximo da crueldade da Guerra Civil e dos fascistas, de acordo com a historiografia oficial. Contudo ninguém recorda os, também sete, irmãos Govoni de Pieve di Cento (Bolonha) - entre eles uma mulher - que em 11 de Maio de 1945 - quando a luta tinha acabado e a totalidade de Itália estava ocupada pelos Aliados, foram massacrados por um bando comunista depois de terem sido horrivelmente torturados e mutilados. Duas imagens da mesma guerra civil onde os fascistas tiveram um fim amargo. Outro episódio cruel e dramático da guerra civil foi o famoso assalto da romana Via Rasella em Março de 1944, quando uma coluna policial alemã-constituída por bolzanos, que é como quem diz italianos de etnia alemã - foi massacrada sem defesa em Roma às mãos dos *gapistas*. Para além do mais, no ataque morreram vários civis, incluindo uma criança inocente. Os 33 polícias bolzanos - todos velhos de mais para poderem servir em unidades militares de primeira linha foram vingados, de acordo com a norma estrita do Direito Internacional pela execução de 335 reféns nas Fossas

Ardeatinas. Episódio que deu lugar a vários filmes elogiando a acção comunista até um patamar de lenda, quando tudo não passou de um ataque selvagem, que não tinha qualquer sentido a não ser provocar as represálias alemãs. Tudo isto tendo em mente que Roma era considerada uma cidade aberta, onde não podiam ter lugar acções militares. A tragédia das Fossas Ardeatinas, e a do ataque, recuperou a sua actualidade a meio dos anos de 1990 quando o alemão Erich Priebke, ajudante do Chefe de Segurança de Roma, extraditado da Argentina, foi processado em Itália. Os alemães, habitualmente nada interessados nos desenvolvimentos da guerra fraternal italiana, apenas reagiriam se efectivos alemães fossem visados nos ataques, como em Via Rasella. As suas represálias e execução de reféns eram sempre mais selectivas do que aquelas da RSI que eram sempre feitas no calor do momento.

O episódio da tomada de Florença é igualmente relevante para se perceber a intensidade desta guerra fratricida. Florença, tal como Roma, tinha sido declarada cidade aberta para preservá-la da luta. Tal não foi respeitado, quer pelos Aliados - que a bombardearão - nem pelos comunistas, que a usarão para os seus ataques terroristas. Em 6 de Agosto o Exército britânico começa a cercar a cidade. Para atrasar a ofensiva Aliada os britânicos são atacados enquanto as unidades alemãs retiram da cidade, seguidas pelo grosso das autoridades e unidades republicanas. Por outro lado cerca de 400 fascistas decidem permanecer na cidade ocupando pontos nevrálgicos para proteger a retirada e a população civil. Apenas a intervenção destes corajosos combatentes impedirá os comunistas de tomarem a cidade antes dos Aliados e provocarem um banho de sangue tal como era esperado.

Pavolini ordenou pessoalmente a constituição destas unidades de voluntários fascistas, entre os quais se encontravam cerca de 80 auxiliares femininas. Distribuídos em grupos de dois a três membros, a cada um destes foi atribuída uma posição. Se eles não pudessem continuar a resistir retirariam sucessivamente para outras posições. Em 8 de Agosto as divisões comunistas aproximavam-se da cidade e os fascistas opuseram-lhes uma feroz resistência. Num destes confrontos caiu o Comandante comunista "Potente", o líder Amo, como consequência de fogo de morteiro. Depois de vários dias de vacilações, finalmente os comunistas determinaram o dia 11 como o dia para a tomada da cidade. A resistência fascista impressionou os atacantes, *"jovens fanatizados pela demagogia social de Saló"* disseram alguns antifascistas para poderem explicar o valor e a bravura destes voluntários. A luta foi feita casa a casa, contra atiradores furtivos colocados em cada janela e telhado, apoiados por algumas secções alemãs. Entre 15 e 18 de Agosto os alemães ordenaram a evacuação definitiva da cidade mas os fascistas decidiram ficar, numa luta desesperada. Quando os Aliados entraram na cidade, a 31 de Agosto, algumas células fascistas ainda resistiam. A batalha terminou finalmente a 2 de Setembro quando os últimos fascistas são confinados e abatidos.

O testemunho do - então - escritor antifascista Curzio Malaparte, no seu romance *The Skin* - onde narra num tom biográfico a sua experiência no lado Americano - sobre este valor fascista é reveladora. Ele narra a chegada a Florença, acabada de ocupar pelos Aliados. Aí, ele vê uma cena dantesca: ele testemunhará a execução, nas escadarias de Santa Maria Novella, de jovens fascistas às mãos dos partisans comunistas. Mesmo enfrentando a morte eles irão suportar o seu lema de honra. Eles eram apenas *"jovens... Fascistas de 15 a 16 anos, cabelo solto e testa larga, olhos pretos e brilhantes nas suas faces pálidas... havia também uma jovem rapariga, quase uma criança, entre eles..."* recorda Malaparte. O comandante comunista apontou um destes jovens e disse: *"é a tua vez. Como te chamas?"* ao que o Camisa Negra respondeu com desprezo: *"hoje é a minha vez, mas um destes dias será a tua."* Pouco depois os jovens gritariam *"Viva Mussolini!"* enquanto as balas dos comunistas os perfuravam. O seu sacrifício tornou possível que mesmo hoje a saga dos lutadores da RSI seja lembrada enquanto a dos partisans é um tema que seria preferível esquecer.

A guerra civil continuará na sua rota sangrenta mesmo depois do fim da guerra, e deixará atrás de si uma esteira de quase 200000 mortos. Uma das mais sangrentas guerras domésticas que a Europa

Ocidental testemunhou, apenas ultrapassada pela espanhola de 1936-1939 e seguida pela francesa de 1943-1945 onde 105000 franceses morreram às mãos dos seus compatriotas.

O fim de um sonho

Em fins de Abril de 1945, a guerra está quase a acabar. Os alemães negoceiam com os Aliados, enquanto em Berlim os russos estão prestes a destruir a capital do Reich. Os fascistas mais radicais pedem a Mussolini para resistir, para não seguir os alemães na sua derrota, porque eles ainda têm largas zonas do país que ainda não foram tomadas pelos Aliados. Com uma coluna de fiéis ele viaja para o Norte, mas tudo está acabado. Mussolini é assassinado, bem como os líderes fascistas: por todo o país é desencadeada a *caça ao Fascista*, com a conivência das tropas Aliadas que deviam manter a ordem.

O fascismo republicano chegou ao fim, mas os ideais pelos quais lutaram não morreram: ao contrário da Alemanha e de outros países, em Itália os antigos fascistas reorganizar-se-ão imediatamente e pouco depois eles estarão de volta à política. Nasceu o MSI (*Movimento Sociale Italiano*)[19].

---

[19] Movimento Social Italiano.

III
Viva a Europa!
Europeísmo e Fascismo (1930-1945)

Um dos aspectos mais revolucionários dos fascismos, especialmente do alemão, foi a sua concepção de Europa. Pela primeira vez, vastas camadas da população europeia acreditam na possibilidade de ultrapassar o plano nacional e na marcha em direcção à unidade europeia. Foi um debate muito intenso, muito mais do que comummente acreditamos hoje em dia, não limitado aos estratos intelectuais, mas que graças à propaganda de guerra enraizou-se ao nível popular mostrando o caminho do que seria a Comunidade Económica Europeia do pós-guerra. Através de toda a Europa da Nova Ordem preconizada pelo Terceiro Reich, propostas foram discutidas e elaboradas sobre a reconstrução futura do continente depois de uma vitória militar, e não apenas nos anos do sonho da vitória (1940-1943) mas também nos piores momentos em que tudo eram retrocessos (1944-1945).[20] Também em Itália, lugar de nascimento do fascismo, este debate tinha de ocorrer, sendo fortemente intensificado durante os meses de turbilhão da República Social. Um ideal que pode ser personificado por aqueles jovens voluntários fascistas que gritaram *"Viva a Europa!"* enquanto estavam a ser abatidos pelo inimigo.

---

[20] H.W. Neulen, *Europa und das 3. Reich*, Munique, Universitas Verlag, 1987

Quando sonhar era possível: o *Ventennio* (1922-1943)

O mito do Fascismo Europeu não nasce (e certamente não morre) nos anos da II³ Guerra Mundial. Devemos lembrar-nos do movimento pan-europeísta da parte de alguns intelectuais fascistas durante a década de 1930, com personagens da estatura de Asvero Gravelli, Pellizzi, Evola, que então tinham escassa influência na construção doutrinal do fascismo mas que depois da guerra emergirão como os verdadeiros guias espirituais de uma nova geração de neo-fascistas.

Na visão europeísta deste fascismo primitivo conjugavam-se elementos tais como a confiança na doutrina fascista como uma receita universal, a revisão do século XIX do conceito de Nação, as ideias corporativistas que incluíam necessariamente uma reordenação económica do continente unido e um desejo de fazer o elogio do mito de Roma como a predecessora da ideia imperial europeia.[21]

Em Outubro de 1922, Benito Mussolini, fundador e alma do movimento fascista, foi nomeado primeiro-ministro de Itália depois da famosa *Marcha sobre Roma*. Com ela começou a longa fase de domínio do fascismo italiano, que duraria até 1945 e assim a possibilidade de usar os recursos do Estado para promover e divulgar uma ideologia totalitária que inspirou os *squadristi* fascistas na sua luta pelo poder. Desde o primeiro momento o fascismo caracterizou-se essencialmente como uma ideologia Nacionalista, entre outros aspectos. Sendo assim, na sua primeira fase Mussolini recusou qualquer possibilidade de *exportar* o fascismo, algo que manteria inclusive até ao princípio dos anos de 1930 quando respondeu à pergunta de um jornalista, inquirindo se era possível ou não exportar o fascismo, com uma resposta áspera: *"Não senhor, para nenhum país. É um produto italiano"*.[22] Esta posição estava de acordo com a

---

[21] Dino, Confrancesco, "Il mito europeo del fascismo (1939-1945), in *Storia Contemporanea*, Il Mulino, Bolonha, Fevereiro de 1983, ano XIV, n° 1, pp. 5-45.
[22] Emil Ludwig, *Talks with Mussolini*, 1933. Edição espanhola: *Mussolini, Conversaciones*

época; a Itália estava numa fase de *reconstrução nacional* na qual o fascismo se centrou em resolver os problemas internos e tinha escassas inclinações expansionistas em assuntos estrangeiros. Isto não evitou que o Fascismo, enquanto tal, fosse concebido como uma ideologia revolucionária capaz de se apresentar como uma doutrina de alcance universal, capaz de ultrapassar as ideologias em vigor até ao momento, todo ele impregnado de uma natureza redentora. Em 1925, na revista ideológica oficial do movimento *Gerarchia*, o próprio Mussolini tinha declarado que *"possivelmente daqui a não muito tempo, uma grande parte da Europa será de uma forma ou de outra Fascista"* e o Grande Conselho Fascista tinha discutido a possibilidade de formar uma espécie de *Internacional Fascista*, que nunca foi levada a cabo. A isto adicionou-se o imenso eco e demonstrações de simpatia que a revolução fascista tinha causado no resto do mundo, e devido a isto, muito em breve começaram a emergir correntes intelectuais e políticas em todo o Ocidente que reclamavam a possibilidade de usar aqueles aspectos positivos para resolver os problemas internos dos seus próprios países. Há muitos historiadores que lidaram com este capítulo da irradiação fascista no estádio pré-beligerante do governo de Mussolini e não devemos deter-nos com isto mais do que o necessário para acrescentar que esta imagem idílica da Itália Fascista, um país próspero e pacificado socialmente, contribuiu enormemente para divulgar o interesse sobre o fascismo como uma ideologia capaz de ultrapassar as contradições nas quais quer o liberalismo quer o marxismo estavam envolvidos. A proliferação de declarações de simpatia dirigidas a Mussolini e à sua forma de governo, inclusive de atmosferas com uma longa tradição política parlamentar como a Inglaterra e de círculos de intelectuais liberais, são uma boa demonstração disso.

---

con Emil Ludwig, Barcelona, Ed. Juventud, 1932, p. 158. Entrevista feita em Abril de 1932.

A evolução Fascista em direcção à expansão ideológica no estrangeiro

Por alturas do 10° aniversário da Marcha sobre Roma em 1932, coincidindo com a resolução dos principais problemas internos, quando o Estado fascista estabiliza, podemos observar a rápida evolução da propaganda do regime em direcção à possibilidade de uma difusão externa do fascismo. Esta projecção externa será apoiada na vontade do próprio Mussolini. Como o professor Ismael Saz apropriadamente destacou, esta grande mudança é em parte explicada pela crescente simpatia do *Duce* pelos grupos mais jovens do fascismo que reclamavam uma difusão internacional do fascismo como parte daquela missão redentora que o mesmo continha, e também em parte, porque contribuía para o desenvolvimento dos seus planos de política externa dos quais ele era abertamente apreciador.[23] Além do mais, podemos juntar a concepção moderna e internacionalista do pensamento mussoliniano que, não esqueçamos, era originário das fileiras do sindicalismo revolucionário tendo bebido das fontes do socialismo internacionalista. Ele não entendia esta revolução como circunscrita apenas ao povo italiano mas usava conceitos tão genéricos - e internacionalistas - como Homem, Nação, Humanidade, Universalidade.[24]

A ideia fascista de expansão ideológica e a concepção doutrinária de *Fascismo Universal* começou a gerar-se como uma corrente em Itália no fim dos anos de 1920, em diversas publicações dirigidas por jovens intelectuais ligados ao regime.[25] De entre estes destacam-se

---

[23] Ver Ismael Saz Campos, *Mussolini contra la II República*, Valência, Ed. Alfons El Magnànim, 1986, pp 124-125.
[24] Ver Benito Mussolini, *Escritos y discursos*, Barcelona, Bosch, 1935, pp. 69-102, tomo VIII, que se encontra precisamente na enciclopedia italiana Treccani na entrada "Fascismo" onde este substracto cultural da parte do Duce é reconhecido. Sobre as origens revolucionárias do fascismo ver o excelente estudo do professor israelita Zeev Sternhell *et al, The birth of Fascist ideology*.
[25] Michael Arthur Ledeen, *L'Internazionale Fascista*, Bari, Laterza, 1973. Um trabalho pioneiro no qual o aspecto da juventude fascista, que escolhe o internacionalismo, é destacado.

Guiseppe Bottai, Camillo Pellizzi, Carlo Emilo Ferri, Asvero Gravelli com as suas publicações *Crítica Fascista, Universalità Fascista, Ottobre, Antieuropa*, etc., que iniciaram o que o professor italiano Dino Confrancesco definiu como um debate semi-público sobre o *mito europeu do Fascismo*. Uma clara evolução dos postulados ultra-nacionalistas que aquela ideologia professou e que alimentaram o primeiro fascismo. Foi um tema, este da ultrapassagem do estado nacional, e da unidade europeia através do modo Romano, que alcançará grande sucesso em vários sectores intelectuais e que estará de acordo com a nova era na Europa onde o ideal de unidade europeia divulgado pelos propagandistas alemães estava a converter-se num elemento essencial da ideologia fascista europeia ao ponto de que o neo-fascismo do pós-guerra será antes de mais europeísta.[26]

Giuseppe Bottai, fundador em 1923 de uma das revistas oficiais do fascismo, *Crítica Fascista*, é um dos mais influentes ideólogos do partido.[27] Desde o princípio Camillo Pellizzi colaborará de perto com ele, um jornalista como Bottai e um dos pioneiros no lançamento da expressão "*Fascismo Universal*" em 1925. Ambos exigirão a renovação interna do fascismo para prosseguir com a Revolução Fascista, a sua projecção universal poderia ser o instrumento adequado para alcançar o objectivo da revolução espiritual da Humanidade, juntamente com o reconhecimento do papel de Itália nesta missão redentora. A mesma tendência é seguida pelo milanês Cario Emilio Ferri, director da revista *Universalità Italiana* e também do pioneiro *Centro di Studi Internazionali sul Fascismo*.

Depois de enumerar alguns dos primeiros intelectuais do *Fascismo Universal* temos de olhar para o mais notório defensor da ideia da universalidade do Fascismo enquanto doutrina: Asvero Gravelli. Jovem e apaixonado jornalista com uma ficha de militante

---

[26] Confrancesco, *Il mito europeo del fascismo (1939-1945)*, in "Storia Contemporanea", Bolonha, Il Mulino, n° 1, ano XIV, Fevereiro de 1983, pp. 5-45.
[27] Sobre Bottai e os outros líderes Fascistas mencionados, ver Marco Innocenti, *I Gerarchia del fascismo*, Milão, Mursia, 1992.

não menos interessante: fascista da primeira hora no Fáscio de Milão, Gravelli tomou parte com D' Annunzio na odisseia de Fiume em 1919 com menos de 20 anos de idade, foi um dos primeiros líderes das juventudes fascistas e secretário de Bianchi, e membro do primeiro Quadrumvirato. Para além disto, ele fundou numerosas revistas e editoras.[28] O seu trabalho em prol do Fascismo Universal começa verdadeiramente nas páginas da sua revista *Antieuropa*, fundada em 1928 seguida de perto pelo bi-semanário *Ottobre*, fundado em 1932 como uma homenagem ao 10° aniversário da Marcha sobre Roma. Em poucos meses *Ottobre* será convertido em diário especialmente dirigido ao sector juvenil do partido. O seu subtítulo era *Quotidiano do Fascismo Universale*, o mesmo da revista *Antieuropa* que se definia como *Rassegna Universale del Fascismo*. Gravelli terá um papel fundamental na fase inicial da elaboração ideológica do Fascismo Universal. Começando com a institucionalização da projecção do Fascismo Universal, através do CAUR, como veremos mais tarde, cerca de 1934-35, a sua visão europeísta será derrotada por aqueles que interpretam o Fascismo Universal como uma mera projecção *da via Romana*. A sua posição dentro do regime não lhe permitirá ter uma influência que possa considerar-se como decisiva, ele observa como um espectador não participante como a sua interpretação de Fascismo Universal deverá ser transformada, sendo manipulada, numa mera defesa nacionalista da cultura Romana, isto é italiana, com a exaltação do mito da Roma Universal.

Como já vimos, é nos anos de 1930 que a ideia de Fascismo Universal é assumida pelo próprio Mussolini, declarando em Outubro de 1930 que o Fascismo *"como uma ideia, uma doutrina e uma realização, é universal"*.[29] Com apoio explícito do *Duce*, em breve a corrente do Fascismo Universal começa a ser moldada

---

[28] Ver Davide Sabatini, *L'Internazionale di Mussolini. La diffusione del fascismo in Europa nel progetto di Asvero Gravelli*, Roma, Edizioni Tusculum, sem data (embora tenha sido publicado em 1998).
[29] Discurso apresentado aos governadores, *federales*, em 27 de Outubro de 1930, citado in Asvero Gravelli, *Panfascismo*, Roma, Nuova Europa, 1935, p. 59.

institucionalmente graças à criação de centros de estudo (como o centro milanês de Ferri) ou congressos internacionais (sendo o de 1932 em Volta o mais famoso). Esta mudança de atitude será notória especialmente na evolução dos postulados do aparelho de propaganda do regime fascista, que fará o seu melhor para divulgar o fascismo internacionalmente e para propagar o seu carácter universalista ancorado no mito de Roma. Várias organizações e instituições públicas ou semi-públicas são criadas ou potenciadas, para divulgarem a propaganda fascista no estrangeiro. Portanto, podemos encontrar os *Fasci all'Estero*, a Sociedade Dante Alhigeri, as *Casas d'Italia* nas principais capitais do mundo, agências de imprensa italianas e de 1933 em diante os Comités de Acção para o Universalismo Romano, conhecidos como CAUR.

A partir deste momento, que podemos datar coincidindo com as celebrações de homenagem do 10º aniversário do governo fascista, em 1932, começa a segunda fase da expansão ideológica do fascismo, desta vez dirigida para o estrangeiro. Isto não será consolidado como tal até à Guerra Civil espanhola, depois da conquista da Etiópia. Este segundo período será caracterizado pelo abandono da elaboração ideológica da concepção do Fascismo Universal a ser usada, já como um instrumento de política externa da Itália fascista na sua intenção de se posicionar como uma potência de primeiro plano. Sendo assim, competirá primeiro com a emergente Alemanha nacional-socialista, e depois acabará envolvida em vários conflitos armados (Etiópia, Espanha, II^a Guerra Mundial) que mostrarão o falhanço desta política expansionista, provocando o declínio intelectual da própria concepção de Fascismo Universal. Este acabará sendo substituído pelo da Nova Ordem europeia adicionado desta vez pela Alemanha no eclodir da II^a Guerra Mundial. O *Mito de Roma* será engolido por outro mito mais atractivo que estabelecerá as fundações da ideologia neo-fascista do pós-guerra: o *Mito da Europa*.

Princípios ideológicos Universalistas do Fascismo

O Pan-Fascismo ou o Fascismo Universal foi um conceito ideológico elaborado fora dos fóruns habituais dos intelectuais do movimento fascista, excepção seja feita ao debate que se pode testemunhar na revista *Crítica Fascista*. O próprio Mussolini e os outros teóricos do fascismo dedicarão algumas palavras a esta ideia, portanto é difícil caracterizar ou localizar os princípios ideológicos universalistas no fascismo primitivo. É fácil de ver que os primeiros trabalhos do jornalista Asvero Gravelli contêm em boa medida os parâmetros básicos em torno dos quais a propaganda fascista será desenvolvida, estudar o seu prolífico legado pode ajudar-nos a compreender a posterior expansão política das organizações que assumem o papel de difusão do Fascismo Universal.

A sua revista mensal *Antieuropa* começou a elaboração ideológica da doutrina do Fascismo Universal desde cedo como já vimos. O próprio título da revista era sugestivo, contraditório e polémico, uma característica dos italianos vanguardistas da época: tinha a intenção de romper com a *velha Europa*, decadente e burguesa aos olhos dos idealistas revolucionários, para impor uma *nova Europa* onde os princípios espirituais da revolução fascista reinariam. A Europa como uma concepção ideal será uma das componentes mais significativas de Gravelli e do seu círculo de primitivos Fascistas Universais. Em 1932 publicaria um breve ensaio intitulado *Difesa dall'Europa e funzione antieuropea del fascismo* que reclamava a componente europeísta do fascismo, em oposição àqueles que destacariam o seu pendor latino ou italiano:

"Por outro lado existe um europeísmo que tende para o restabelecimento da civilização Ocidental e para um reviver unitário da Europa... E para esse fim nós, italianos, possuímos o espírito da nossa terra e uma síntese da Europa que tem a virtude de ser uma ideia universal."[30]

---

[30] Gravelli, Difesa dall'Europa efunzione antieuropea del fascismo, Roma, Nuova Europa,

A crise espiritual e social que ameaça a Europa é palpável no início dos anos de 1930 e como tal é indispensável, escreve Gravelli, que o fascismo assuma o seu papel como a ideologia redentora da Europa:

"Nós somos a heresia da Europa moderna... deveremos estabelecer a unidade religiosa da Europa para encontrar um regresso aos ideais. O fascismo, como a ideia da Itália clássica e moderna é o restaurador de uma civilização: Roma é o centro moral da acção... A Revolução Fascista deverá ser a mais criativa e histórica de todas. A Anti-Europa dos Camisas Negras será uma ideia de redenção e de unidade."[31]

Para atingir este duplo objectivo, a revolução por um lado e o consequente derrube do Estado demo-liberal por outro, o conceito de Fascismo Universal deve ser divulgado a todos os níveis, inspirando movimentos aparentados noutros países e organizando uma Internacional Fascista que poderia facilitar a sua recepção pelos sectores similares que possam apoiar esta mudança em atitude e em civilização. Não nos esqueçamos de que Gravelli é antes de tudo um jornalista e um propagandista. Não foi de pouca monta que o fascismo tenha tido sucesso na sua primeira experiência revolucionária em Itália, agora chegará a vez dos países restantes, para o fascismo como ideologia ultrapassar o seu estádio nacionalista. Em consequência, Gravelli considera que:

"O fascismo deve servir para os elementos fascistas europeus como um modelo táctico revolucionário para estabelecer em países mais maduros movimentos similares ao nosso, porque o fascismo hoje já não é apenas um fenómeno italiano."[32]

No que concerne à ideia de uma Internacional Fascista, já numa data tão cedo quanto 1931, ele escreve sobre ela, usando um vocabulário que será muito similar àquele dos propagandistas do ideal europeísta durante a II ª Guerra Mundial. Devemos ter em mente que não é em vão que Gravelli acabará a guerra como

---

1932, p. 21.
[31] Ibid, p. 53-55.
[32] Gravelli, *Verso l'Internazionale fascista*, Roma, Nuova Europa, 1932, p. 225.

membro dos serviços de propaganda das Waffen SS europeias com a patente de Comandante SS. Nela, ele conjugará elementos inovadores, tais como juventude, internacionalismo, europeísmo:
"A aliança internacional do fascismo é a forma superior de organizar as forças juvenis fascistas europeias... A juventude fascista e europeia tem de ser capaz não só de destruir o velho mundo mas além do mais de construir e criar uma nova entidade europeia e mundial... A organização Internacional Fascista... Será o meio efectivo para amplificar e manter uma ditadura europeia do fascismo. Trata-se de levar o espírito da Revolução Fascista para a Europa."[33]

Contudo, com a oficialização institucional da projecção externa do Fascismo Universal, através do CAUR, a elaboração doutrinária de Asvero Gravelli perdeu influência gradualmente. Isto aconteceu enquanto ele aprofundava a sua visão europeísta do Fascismo Universal, com títulos fundamentais como *Europa, com noi!* (1933) ou *Panfascismo* (1935), mas quando o *Sottosegretariato per la Stampa e Propaganda* foi estruturado ele encontrou-se fora dos círculos do poder. Este ministério, a princípio um sub-secretariado, era o verdadeiro órgão de difusão da propaganda do regime desde 1934 e conduziu firmemente todas as manifestações fascistas. A partir do momento em que Gravelli é posto de lado, torna-se clara uma mudança interpretativa do Fascismo Universal, que progressivamente será transformado num *Universalismo Romano*, centrado em Roma, a partir da qual a nova *civilitá* é projectada.

Esta concepção de Fascismo Universal não era nova, de facto era a Latinidade que tinha atraído os primeiros simpatizantes do fascismo de países com línguas latinas, como Ernesto Giménez Caballero em Espanha. A mudança na política externa italiana, que então iniciava uma fase expansionista, contribuiu para potenciar esta visão. Itália, a *Roma Universale*, deverá ser convertida no eixo central do Ocidente. Sendo assim, a elaboração de uma doutrina que sustentaria este tipo de aspirações foi imediata. De facto o próprio Mussolini parece ser o principal apoiante dessa interpretação

---

[33] Ibid p. 226-227.

quando, em Março de 1934, ele enuncia o famoso discurso para a segunda assembleia quinquenal do regime, que Asvero Gravelli rotulou como "o mais importante documento sobre a afirmação da universalidade do fascismo". O *Duce* disse então que:

"De 1929 até hoje o Fascismo enquanto fenómeno italiano tem sido convertido num fenómeno Universal... Numa década a Europa será fascista ou *fascistizada*! Só existe uma forma de ultrapassar a antítese do que distingue a civilização: com a doutrina e a sabedoria de Roma."[34]

A criação do CAUR ou *Comitati d' Azione per la Universalità di Roma* no Verão de 1933 foi um fiel exponente desta nova linha de actuação. É ainda outra manifestação dessa deriva muito mais conservadora e católica que estava a ser moldada entre os teóricos da propaganda fascista. Muito mais conservadora e nacionalista do que aquela marcada por Gravelli, muito mais próxima, como já vimos, das posições vanguardistas e revolucionárias. Não é coincidência que o primeiro trabalho publicado pelo presidente do Comité, general Eugenio Coselschi, seja intitulado *Universalità del Fascismo,* muito embora seja de qualquer modo apenas uma tentativa de assimilar os conceitos de Fascismo Universal e de Roma Universal, na sua publicação ambos os conceitos são entrelaçados e são convertidos em sinónimos, algo que não acontecia com Gravelli que distinguiu claramente a importância em diferenciá-los. Eis como Coselschi interpreta a noção de Fascismo Universal:

"É o nome do passado e do presente.
É o nome do futuro e do eterno.
É o nome da igreja e do Império.
É ROMA."[35]

A ordem do dia adoptada no primeiro, e único, congresso do CAUR em Montreaux (Suíça) em Dezembro de 1934, "*Sobre a Universalidade do Fascismo*" segue a mesma tendência, dando-lhe um carácter mais conservador, menos revolucionário. É eloquente e sumariza as principais características desta concepção que eles

---

[34] Citado in Gravelli, *Panfascismo*, Roma, Nuova Europa, 1935, pp. 61-53.
[35] *Universalità del fascismo*, Florença, 1933, p. 14, citado por Ledeen, op. cit. 124.

adoptarão (o *itálico* em baixo é do original):

"a) Considerando que o fascismo, a teoria política, económica e social criada pelo génio de Mussolini, converteu-se num fenómeno de carácter *universal* que pela força dos seus princípios e dos seus sucessos se impôs às nações desejosas de juventude e regeneração, *o congresso de Montreaux confirma a universalidade do fascismo.*

b) Considerando que o fascismo funda uma nova ordem que para manter e reorganizar a disciplina moral, espiritual, familiar e nacional necessária ao povo, restringe o indivíduo de molde a que ele possa alcançar a excelência em nome de um ideal superior...

c) Considerando que o fascismo é essencialmente um movimento revolucionário... *O congresso reafirma o espírito construtivo e revolucionário do fascismo, a única doutrina capaz de conduzir o mundo dos trabalhadores pelo caminho do bem-estar.*"[36]

Da resolução adoptada podem deduzir-se os aspectos principais que integram o Fascismo Universal: totalitarismo, universalismo e espírito revolucionário, enquanto o culto da personalidade de Mussolini, que até então não era excessivamente demonstrado na propaganda fascista, testemunha um crescendo. As publicações do CAUR e o resto do aparelho da propaganda externa do regime foram expressamente trabalhadas no culto de Mussolini. Podemos interpretar isto como parte da sua evolução, como uma consequência da necessidade de competir com a propaganda alemã. Face ao racismo alemão eles opunham a latinidade, face ao *Führer*, o *Duce*.

A corrida de Hitler para o poder em 1933 e a sua bem-sucedida política externa do pré-guerra fez com que a Itália fascista perdesse o seu papel hegemónico como potência redentora e revolucionária, tendo de competir com a Alemanha nacional-socialista. A propaganda italiana de meados dos anos de 1930 manifesta claramente esta situação. Para os propagandistas do Fascismo Universal, manter a distância dos ideais nacional-socialistas era imperativo. Eles não o manifestarão abertamente, dado que entre os aderentes aos seus comités há muitos que simpatizam com a ascensão da Alemanha de Hitler, não obstante eles não convidarão

---

[36] *Universalità del fascismo*, Florença, 1933, p. 14, citado por Ledeen, op. cit. 124.

grupos nacional-socialistas para participar nos encontros do CAUR, alegando a suposta imparcialidade da Internacional projectada. Nos registos das reuniões da Comissão de Coordenação, consequentemente de natureza restrita e confidencial, podiam dessa forma ser nela abordados temas mais sensíveis, pode observar-se uma crítica reiterada às teorias nacional-socialistas, especialmente à sua concepção de raça e ao anti-semitismo. Isto era muito comum entre os teóricos italianos, Gravelli já o tinha destacado anos antes.[37]

Em 1935, na reunião em Amesterdão da Comissão de Coordenação do movimento Fascista integrado no CAUR, estalou uma controvérsia entre os participantes nórdicos e os meridionais. Coselschi terá de intervir, visivelmente aborrecido, afirmando claramente a posição do Fascismo Universal relativamente ao assunto da raça. Nesta alocução o general iria inclusive prosseguir para atacar pessoalmente as teorias racialistas do ministro do Terceiro Reich Alfred Rosenberg, autor de um dos trabalhos ideológicos mais emblemáticos do nacional-socialismo. Estamos a referir-nos a *O Mito do Século Vinte*, embora isto demonstre claramente de novo a falta de conhecimento prático que os italianos tinham da situação dentro da Alemanha. Nesta era do conhecimento comum que Rosenberg apenas tinha tido uma influência prática, as suas teorias tendo um raio de difusão muito limitado, contudo no estrangeiro ele parecia ser o expoente máximo do racismo alemão devido à propaganda anti-nazi. Esta intervenção do seu líder máximo resume novamente como permanentes as directivas do CAUR e as suas diferenças essenciais da ideologia nacional-socialista:

"A exacerbação da Raça não pode conduzir a uma ideia Universal... Tal como a vejo, a universalidade do fascismo e a intransigente concepção de raça não podem ser compatíveis. Dizendo melhor, universalidade no sentido fascista, no sentido manifestado em Montreaux, significa cooperação europeia...

...Pelo contrário, universalidade no sentido racista, como é a concepção, se não de toda a Alemanha, pelo menos do seu teórico oficial Rosenberg, não pode existir...

---

[37] Gravelli, *Europa con noi!*, Roma, Nuova Europa, 1933, p. 129 e seguintes.

Se o Fascismo Universal quer ser verdadeiramente Universal e se quer salvaguardar a paz deve confirmar que considera a cooperação entre os povos [do mundo] e as diferentes raças e civilizações europeias...
Como eu tenho dito esta questão racista impedirá sempre o fascismo alemão de ser uma força Universal...".[38]

Na reunião seguinte da Comissão de Coordenação, em Setembro do mesmo ano, de novo em Montreaux, Coselschi volta ao assunto, introduzindo nesta ocasião uma nuance adicionada para clarificar as diferenças entre ambas as ideologias; de acordo com ele o nacional-socialismo é anti-cristão, e como tal:

"Nós temos profundas diferenças em relação ao nacional-socialismo que têm sido claramente afirmadas no congresso de Montreaux; por exemplo, nós não temos uma concepção de raça tão intransigente, nós não lutamos contra a religião."[39]

O mesmo acontece no que concerne à questão judaica. Desde o começo um acordo de consenso foi feito para evitá-la no congresso de Montreaux de 1934, a matéria não seria tratada devido à presença de bem conhecidas personalidades anti-semitas como representantes de partidos nacionais. Não obstante, no encontro que teve lugar no mesmo lugar quase um ano depois Coselschi, como habitual, afirmará claramente a posição do CAUR e do Fascismo Universal sobre o assunto para acabar com equívocos adicionais, dada a insistência da parte de alguns membros em convidar grupos anti-semitas. Estes não fariam parte da Entente, devido ao facto de estarem tão afastados da ideologia fascista:

"Nós definimos em Montreaux a nossa posição relativamente ao anti-semitismo. Para nós não é uma questão de raças... Eu penso que deveríamos convidar [apenas] os partidos que têm um ideal

---

[38] Coselschi, registos da reunião da Commission pour l'Entente du Fascisme Universel, Amsterdão, 25-III, 1935, reproduzidos por Gisella Longo em "Storia Contemporanea", Bolonha, 1996, nº 3, Junho, intitulada *I tentative per la constituzione di un internazionale fascista: gli incontro di Amsterdam e di Montreux attraverso I verbali delle riunioni*, pp. 475-576.

[39] Coselschi, Montreux 11-IX, 1935, reproduzido em op. cit., p. 559.

construtivo e que desejam o corporativismo."[40]

O carácter de Latinidade com o qual o Fascismo Universal estava impregnado a partir deste momento contribuiu para a decadência dos propagandistas do CAUR e do Fascismo Universal nos países fora da órbita Latina. É óbvio que outros factores também desempenharam um papel, mas este era importante para a compreensão psicológica do afastamento de muitos intelectuais bem conhecidos que antes se tinham declarado fascistas e que acabarão por abraçar o nacional-socialismo.

É o caso de personalidades da estatura de Quisling na Noruega ou Mussert na Holanda que deixaram provas do seu aborrecimento diante deste carácter, manifestando-o inclusivamente nas reuniões do Comité de Coordenação nas quais tomaram parte. A Universalidade de Roma que substituiu o Fascismo Universal terá a sua influência reduzida à medida que a estrela nacional-socialista se ergue no final dos anos de 1930, e especialmente durante o conflito mundial no qual a Itália já não será uma potência. Nisto podemos ver a via do Fascismo Universal/Romano convertida numa espécie de *Hispanismo* tal como defendido pelo franquismo, sem transcendência alguma para além de pretender agrupar os países de língua e cultura comuns, com o aspecto político Universalista reduzido a um plano muito secundário. Contudo, em Itália os sectores universalistas evoluiriam radicalmente para posturas europeístas durante a II ª Guerra Mundial. Portanto Cantillo Pellizzi será o promotor, em 1942, de um congresso nacional sob os auspícios do Instituto Nacional para a Cultura Fascista. Uma evolução idêntica pode ser observada em Giuseppe Bottai que das páginas da *Crítica Fascista* manteve um debate constante sobre a Europa sendo considerado pelos académicos italianos como o verdadeiro criador e inspirador da corrente euro-fascista do fascismo italiano do pós-guerra imediato. Assim, Dino Confrancesco, professor italiano que tem estudado esta evolução, salienta nos seus escritos que "*o euro-fascismo foi, portanto, uma das razões para a

---

[40] Ibid, p. 565.

popularidade da última e afortunada criação Bottainiana ",⁴¹

Posto isto, ele salienta o carácter internacionalista do Fascismo Universal, não apenas nas suas linhas de orientação universalistas mas também na sua elaboração doutrinal que pediu emprestadas contribuições de muitos intelectuais estrangeiros. Desde os primeiros tempos colaboradores não-italianos enviaram as suas crónicas e artigos para os principais órgãos de difusão do Fascismo Universal. Um dos pioneiros será o britânico James Strachey Barnes, com o seu *The Universal Aspects of Fascism*. Em Espanha encontramos Ernesto Jimenez Caballero com os seus artigos na *La Gaceta Literaria* e posteriores livros de ensaios sobre o fascismo italiano como *Genio de España* (1932) e *La nueva Catolicidad* (1933) onde ele analisa o fascismo como uma alternativa mundial. É especialmente interessante percorrer os inumeráveis artigos publicados em revistas como *Antieuropa* ou *Ottobre*, que não eram destinados ao público estrangeiro mas ao italiano e que tinham "*a honra de poder interpretar a concepção universal de Mussolini a partir das colunas da nossa publicação*", disse Gravelli em 1935 apresentando o trabalho destes intelectuais, "*jovem intelectualidade fascista* de toda a Europa."⁴² Personagens como o holandês Simón P. Hooms, o espanhol Ernesto Jimenez Caballero, os alemães Dr. Koppen e Hans Keller, Georg Moenius, Albert Bieler, Mommsen, Mirko Jelusich, M. Wundt, Hilckman e um largo etecetera de nomes não-italianos escreveram nessas publicações, muitos dos quais veremos tomar parte em actividades políticas e intelectuais fascistas europeias nos anos 30 e durante o conflito.

O ideal perdido: europeísmo na RSI (1943-1945)

Como já sabemos o 25 de Julho e o armistício que se seguiu de

---

⁴¹ Confrancesco, op. cit, p. 29-30.
⁴² Gravelli, *Panfascismo*, op. cit., p. 11.

Setembro de 1943 supôs uma fractura irremediável para a Itália e para o fascismo mas não deteve a evolução ideológica do fascismo na sua marcha imparável em direcção ao europeísmo militante. Desde os primeiros meses os intelectuais e líderes da RSI fizeram o seu melhor na elaboração teórica de algumas directivas europeístas, insuficientes para os desejos daqueles mais radicais, mas muito mais importantes do que na fase anterior. O socialismo republicano colocado como uma alternativa revolucionária assumiu algumas directivas, entre as quais estava a certeza de que a Europa tinha sido conduzida para o abismo em consequência de erros do passado que deviam ser ultrapassados. Nós não estamos a referir-nos apenas ao europeísmo desesperado das Waffen SS, cuja propaganda em Itália será muito eficaz (produzida por intelectuais europeístas como Asvero Gravelli), nem ao europeísmo propagandístico alimentado pelo aparelho de propaganda alemão, mas àquelas propostas que supunham um avanço e um aprofundamento dos princípios sociais do primeiro fascismo, já não confinado aos debates estéreis de uns poucos escassos intelectuais que escreviam nas revistas culturais.

A RSI incluía o europeísmo no seu programa de governo, sendo o primeiro Estado europeu a fazê-lo. Quando o *Manifesto de Verona* foi publicado na imprensa em 15 de Novembro de 1943, o seu ponto 8º afirmava:

"O objectivo essencial da política externa tem de ser a unidade, a independência e a integridade territorial da Pátria nos seus limites marítimos e alpinos designados pela Natureza, pelo sacrifício de sangue e pela História, fronteiras ameaçadas pelo inimigo com a invasão e com as promessas ao governo exilado em Londres. Outro objectivo essencial consistirá em ver reconhecida a necessidade de espaços vitais indispensáveis para um povo de 45 milhões de habitantes, localizado numa área insuficiente para alimentá-los.

Para além do mais, tal política deverá ser adoptada para o estabelecimento de uma comunidade europeia, federando todas as Nações que aceitem os seguintes princípios fundamentais:

a) Eliminação das intrigas centenárias britânicas no nosso continente.

b) Abolição do sistema capitalista interno [europeu], oposição às plutocracias.

c) Valorização, em nome dos povos europeus e autóctones, dos recursos naturais de África, respeitando em absoluto aqueles povos, especialmente os muçulmanos que, tal como no Egipto, estão nacional e civilizadamente organizados.".

Um programa ambicioso – mera retórica? – que hoje em dia pode parecer inalcançável conhecendo as trágicas circunstâncias nas quais foi divulgado. Não obstante, à medida que analisamos mais de perto as iniciativas do fascismo crepuscular podemos chegar à conclusão de que existiu uma verdadeira consciência europeia no derradeiro fascismo. Os líderes fascistas farão o seu melhor para aprofundar esta linha europeísta, tal como aconteceu noutros países da órbita alemã, durante estes últimos meses de luta, com mais ou menos explícitas declarações de intenções nesse sentido. Gino Meschiari, delegado do Partido Fascista Republicano da Toscânia no directório nacional do partido publicou uma brochura em 1944 exigindo uma orientação europeísta; o mesmo fez o embaixador Capasso Torre di Caprara quando, no mesmo ano, publicou o seu *L'Asse e L'Europa*, um apelo nesse sentido.[43]

Também neste ano o ministério dos Negócios Estrangeiros da RSI lançou a ideia da criação de uma frente europeia de Nações com capacidade para serem o contraponto da URSS, que seria baptizada como URSE (União das Repúblicas Socialistas Europeias), a última teve pouco ou nenhum sucesso. Mergulhados nesta linha os diplomatas italianos tentarão participar em todas as iniciativas alemãs que diziam respeito a esta matéria, tentando influenciá-los, mas sem resultado. Em Agosto de 1944, Vittorio Mussolini escreveu para Itália, da Alemanha, na sua qualidade de delegado fascista republicano para o Terceiro Reich, um relatório confidencial onde podemos medir a frustração que estes europeístas sentiam perante a lentidão das medidas alemãs, e quão convencidos estavam de que somente uma política europeísta poderia dar a volta ao conflito:

---

[43] G. Meschiari, *Spunti di politica estera*, Veneza, Casa Editrice delle Edizioni Populare, 1944.

"Continuo a acreditar que o erro inicial da propaganda alemã de não ter definido desde o princípio os objectivos da guerra, como a "nova ordem" e de não ter dado oficialmente, até agora, nenhuma actualização sobre como a Europa será estruturada depois da vitória, foi bastante sério...

... Hoje em dia fala-se de Europa, da ideia Napoleónica, de Mazzini, para criar uma frente continental, para convencê-los de que esta é uma guerra por um ressurgimento europeu. Mas é demasiado tarde e muito pouco foi feito. Teria sido suficiente, como tenho proposto, uma assembleia solene, por exemplo em Viena, dos líderes das Nações europeias, do *Führer*, do *Duce*, de Antonescu, Laval, Pavelic, Quisling, etc., para reafirmar a unidade europeia.".

Mussolini, que tinha embarcado na sua última aventura, participou por completo no ideal europeísta, duvidando contudo daqueles que queriam ultrapassar em absoluto as nacionalidades do século XIX. Na sua última grande aparição em público, no teatro lírico de Milão, a 16 de Dezembro de 1944, uma das mais importantes intervenções mussolinianas, encontrará tempo para dedicar expressamente alguns momentos à questão europeia:

"Neste ponto, [referindo-se ao 8º ponto do manifesto de Verona], algumas palavras sobre a Europa impõem-se. Eu não me quero deter na pergunta o que é a Europa, onde começa e onde acaba sob um ponto de vista geográfico, moral e económico; nem pergunto a mim mesmo, hoje, se uma tentativa de unificação poderá conhecer um resultado melhor do que as anteriores. Isso levar-me-ia demasiado longe. Eu limito-me a dizer que a constituição de uma comunidade europeia é desejável e inclusivamente possível, mas tenho de declarar da forma mais explícita que nós não nos sentimos italianos porque somos europeus, mas que nós sentimo-nos europeus porque somos italianos. Esta não é uma distinção subtil mas fundamental. Sendo que a Nação é o resultado de milhões de famílias que têm uma fisionomia própria e que possuem um denominador nacional comum, cada Nação deveria juntar-se à comunidade europeia como uma entidade bem definida, para impedir que a comunidade se afundasse no internacionalismo socialista ou vegetasse no cosmopolitismo equívoco e genérico com uma marca judaica e maçónica."[44]

Em Fevereiro de 1945, a poucas semanas do fim, a revista teórica do ministério da Economia, *Repubblica Sociale*, dirigida pelo professor Manlio Sargenti, fez uma súmula do estado da questão europeia na RSI.[45] Num artigo não-assinado intitulado *"Punto cardinali: 1) dell'unitá europea"*, as diferentes posturas mantidas na imprensa republicana sobre o assunto serão revistas criticamente, ajudando-nos a ter um panorama geral sobre o debate. A revista, que representava a ala mais radical do Fascismo Republicano, fez eco do 8° ponto do Manifesto de Verona e das palavras do *Duce* em Milão, reunindo-se explicitamente com o grupo que exigia um estudo sério do tema: *"O problema da unidade da Europa é uma questão que deve ser examinada, discutida e estudada porque é o problema do amanhã do nosso continente, um continente do qual a Itália faz parte"*. Esta publicação oficial reconhece, não nos esqueçamos de que estamos em Fevereiro de 1945, que a derrota está próxima (*"sendo provável que não seja uma paz acordada, mas uma paz imposta pelos vencedores"*), que a Itália perdeu a sua autoridade moral com o armistício de 8 de Setembro mas que tal não deverá ser um impedimento para a Itália ser *"um aliado da Alemanha, (...) nesta luta até à última gota de sangue, a sua civilização, a sua história, têm sido uma barreira de uma ideia que pode ter valor mundial: tudo isto são elementos pelos quais deve participar activamente na construção europeia"*.

Não por acaso muitos dos colaboradores desta revista serão encontrados depois da guerra no MSI, sendo paladinos do ideal europeísta nos movimentos nacional-revolucionários italianos.[46]

---

[44] Spampanato, op. cit., p. 688.
[45] *Repubblica Sociale*, ano I, n° 6, Fevereiro de 1945.
[46] Sobre o europeísmo e os grupos NR italianos, ver Orazio Ferrara, *El mito negato. Da Giovane Europa ad Avanguardia di Popolo. La destra erotica negli anni settanta*, Sarno, 1996

IV

As Brigadas Negras: um Partido em armas

Um dos capítulos mais interessantes do breve período da RSI foi a transformação do Partido Fascista Republicano (PFR) numa organização militarizada que enquadrava os militantes mais temíveis do fascismo revolucionário. Estas unidades foram baptizadas com o nome expressivo de Brigadas Negras. Numa guerra sem quartel como a italiana entre 1943 e 1945 ambos os lados cometeram excessos, mas os vencedores conseguiram impor uma imagem sinistra destas unidades que nasceram precisamente para deter a guerra e cujos membros sofreram a pior parte da dura repressão do pós-guerra. Mas eles eram algo mais, eles representaram a velha ânsia por um partido em armas, uma conexão entre o povo e a classe guerreira, uma espécie de SS italiana mas com um estilo revolucionário e populista diferindo da ordem alemã que foi sempre elitista.

Nascem as Brigadas Negras

Devido ao aumento de actividades terroristas, as diferentes federações fascistas tinham estado a organizar-se autonomamente em unidades de defesa compostas por aqueles camisas negras que por qualquer motivo não estavam na frente. Nos princípios de Junho a ideia de criar um braço armado dentro do partido começou a tomar forma, seguindo o exemplo organizacional promovido pelo *federale* (governador) de Milão Vincenzo Costa que tinha criado uma força de 1800 homens para tais fins. Em finais de Junho Mussolini aprova o projecto. A 25 desse mesmo mês ele assinou a ordem para a constituição das Brigadas Negras e por um decreto legislativo do *Duce*, o 446º datado de 30 de Junho de 1944, com 13 artigos, o nascimento das chamadas Brigadas Negras foi juridicamente formalizado, "*corpos auxiliares dos esquadrões de acção das camisas negras*" afirmava o decreto, e "*milícia civil ao serviço da República Social Italiana*".

Disposição que tinha o objectivo de transformar o Partido Fascista Republicano numa unidade de combate. A decisão de reorganizar o partido numa unidade paramilitar deveu-se à alarmante situação indefesa dos militantes fascistas e ao pessimismo que reinava na Primavera-Verão de 1944. Os Aliados estavam às portas de Roma, os partisans estavam incansáveis nos seus ataques terroristas, qualquer militante fascista era um alvo e como tal eles foram as principais vítimas dos GAP. Isolados, fracamente armados, os membros do PFR eram alvos ideais para alguns grupos terroristas que evitavam a confrontação com unidades militares mas cobardemente massacravam qualquer indivíduo quando isolado e indefeso seguindo uma estratégia de terror ordenada pelos chefes de Estado-maior de Moscovo e Washington. O nascimento das Brigadas Negras tencionava remediar esta situação perturbadora, promovendo a auto-defesa em todas as secções fascistas, mantendo assim a estrutura de um partido que arriscava-se a ser desmantelado bem como criar uma estrutura paramilitar capaz de se opor aos terroristas usando as mesmas armas.

Um mês mais tarde, a 25 de Julho, o secretário-geral do Partido Fascista Republicano, Alessandro Pavolini, falando a partir da Radio Turim, detalhou a estrutura e funções das Brigadas Negras (BN na nomenclatura militar da RSI) assim incorporando automaticamente nas Brigadas todos os membros do PFR com mais de 18 e menos de 60 anos que não pertenciam a nenhuma formação militar. O directório do partido foi portanto transformado numa espécie de estado-maior de um corpo paramilitar, não parapolicial, dado que as suas funções estavam claramente delimitadas desde o início. As Brigadas Negras não deveriam desempenhar um papel de manutenção da ordem interna mas reprimir os grupos terroristas, fronteira que era difícil de delimitar. Para este efeito o ministro do Interior foi obrigado a telegrafar aos líderes provinciais em 26 de Agosto de 1944, "*eu volto a dizer que por ordem de Mussolini qualquer acção policial por parte das Brigadas está proibida*". Cada Brigada portaria o nome de um mártir da causa Fascista Republicana e seria permitido a qualquer militante do PFR que estivesse a servir numa unidade militar, pedir a transferência para as Brigadas Negras para poder estar mais perto da sua família.

Os objectivos perseguidos por Pavolini não eram somente a autodefesa como se poderia pensar ao princípio, eles iam mais além. As origens revolucionárias e o seu sonho de uma revolução popular não eram estranhos ao líder máximo do PFR quando ele anunciou a criação das BN. Ele próprio era um filho deste fascismo revolucionário da primeira hora; ele tinha marchado sobre Roma em 1922, um ensaísta, de uma bem conhecida família de intelectuais; o seu feudo era o fascismo florentino, berço de tantos líderes do partido. Em Outubro de 1939 foi nomeado ministro da Cultura Popular, no que tentou ser o equivalente do ministério do Dr. Goebbels na Alemanha. Em Fevereiro de 1943, abandonou o ministério para dirigir o diário *Il Messagero*. De novo no mesmo ano, ele não teve quaisquer dúvidas em tomar o partido de Mussolini: este ordenou-lhe que reconstruisse o partido. Sendo assim ele converter-se-á num personagem chave da RSI.

As BN, nas palavras de Pavolini, deveriam simbolizar fidelidade, "*a fidelidade daqueles homens que não traíram, que não hesitaram, que têm dado a sua vida a um Ideal e a um Líder*". Palavras que inexoravelmente nos lembram o lema das SS: "*A minha honra chama-se fidelidade*".

Organização

A cadeia de comando das Brigadas Negras era simples: cada uma era autónoma, mas com um comando único sempre subordinado apenas ao partido, nunca às autoridades alemãs, nem às Forças

Armadas de Graziani. À cabeça das Brigadas estava, portanto, o secretário-geral do PFR, Alessandro Pavolini, actuando como general de divisão. Pavolini será a peça central no Fascismo Republicano e o principal impulsionador da sua criação contra a opinião de Graziani que teria preferido um exército de estilo tradicional sem interferências de unidades autónomas independentes da cadeia de comando militar. Os militantes fascistas, conduzidos pelos seus líderes locais, estavam sob leis e disciplina militares.

Em cada cidade uma Brigada foi organizada para assegurar a sua segurança, e com os restantes efectivos provinciais outra, uma brigada móvel, que patrulharia através da região. O chefe-adjunto de Pavolini, coordenador de todas as Brigadas, era Puccio Pucci. O coronel Giovanni Battista Riggio tomou conta do estado-maior das Brigadas (substituído em 30 de Outubro de 1944, pelo general Eduardo Facdouelle), que foi organizado para parecer um estado-maior de divisão, com as suas inspecções, comissariado, tribunal marcial, capelões, etc. Em Novembro de 1944, foi constituído um tribunal marcial de guerra, exclusivamente para as BN. Para as separar ainda mais das Forças Armadas.

Sendo milícias do partido, não constituídas explicitamente como unidades militares, não tinham postos, usavam os do partido, contudo os líderes de companhia e de batalhão (nesta matéria as Brigadas seguiam nomenclatura militar) recebiam denominações militares: tenente, capitão, comandante. O camisa negra alistado (nas Brigadas) era chamado *"squadrista"* de acordo com o vocabulário inaugurado durante os anos tumultuosos que precederam a tomada de poder em 1922. Isto diferenciava-o do militante do partido não-combatente [nas Brigadas Negras]. O uniforme, de acordo com os regulamentos, era constituído por uma camisa negra ou camisola, um boné militar, preto, com uma caveira e ossos cruzados à frente, calças militares e emblema do partido, o Fascio Littorio, em vermelho. No colarinho algumas formações usavam os seus próprios emblemas. No Inverno utilizavam blusões do Exército. Os líderes de unidade eram também distinguíveis pelo facto de usarem um cordão de ombro branco do lado direito. Não obstante, a própria característica de milícia das BN deu lugar à proliferação de emblemas, insígnias, uniformes e outras vestimentas.

É interessante salientar que as militantes femininas podiam também tomar parte na defesa do fascismo. O papel das mulheres no fascismo foi sempre um papel altamente reconhecido, por isso o seu apoio não podia também faltar nestes tempos difíceis. A cada brigada foi adjudicado um corpo auxiliar feminino, *Servizio Ausiliario Femmenile*, a quem foram atribuídas missões de intendência, administração e outros serviços auxiliares enquanto os homens estavam na linha da frente. Muitas delas serão médicas fascistas, e esposas que partilhavam aqueles ideais. Elas sofrerão na própria carne as acções terroristas e no pós-guerra serão cruciais para a manutenção do ideal que as levou a envergar a camisa negra quando muitos dos seus maridos e pais já tinham caído na batalha.

Olho por olho

A reputação das Brigadas Negras crescerá à medida que a guerra civil avança. É um combate sem misericórdia e sem quartel. Ambas as partes vão ao extremo na sua intenção de exterminar o oponente. A Lei de Talião é a regra. Não passa despercebido a ninguém que esta terrível reacção-contra-reacção, provocada pelos comunistas e socialistas, deu os seus frutos quando os fascistas decidiram armar-se e defender-se a si próprios. As palavras meigas e o desejo de apaziguamento da ideologia fascista foram empurrados para um segundo plano. Temos de reconhecer que as Brigadas Negras foram parte dessa terrível espiral de ódio e violência na qual foram envolvidas impedindo-as de terem tempo para reflectir.

Nalgumas ocasiões as Brigadas actuaram em cooperação com as autoridades militares, de facto todos os *squadristi* eram combatentes (ninguém considerou necessário um treino especial para estas unidades), em breve teriam muitas baixas. O próprio Pavolini tomou parte em várias acções anti-partisan, sendo ferido a 12 de Agosto de 1944, quando liderava uma patrulha anti-partisan. Que ninguém se desviaria da linha da frente é demonstrado pelo facto de que na mesma emboscada foram severamente feridos o *vicefederale* (sub-governador) de Turim e o comissário federal de Brescia. No total cerca de 30 000 militantes fascistas serão enquadrados nas 59 Brigadas que foram formadas. Um relatório do general Facdouelle, datado de Abril de 1945, afirma que *"as Brigadas Negras, ao dia de hoje, contam com 29 000 homens em armas. Onze comandantes de Brigada caíram em combate, tal como 47 oficiais, 1641 squadristi e nove auxiliares femininas"*. O alto número de líderes de Brigada caídos, nada menos do que 11, mostra que praticamente uma em cada cinco Brigadas perdeu pelo menos um dos seus comandantes durante aqueles meses sangrentos de 1944-45. Cada província e cidade principal terão a sua própria Brigada. As principais são, de Milão, a "Aldo Resega", de Turim a "Ather Cappelli", de Aosta a "Emilio Picot", de Novara a "Augusto Cristina", etc.

Sem dúvida a mais famosa será a milanesa "Aldo Resega". Fundada a 30 de Junho de 1944 contava com mais de 4000 *squadristi* armados, em dois batalhões, e teve pelo menos 600 baixas. O primeiro batalhão foi designado para a cidade de Milão, o segundo para a província, o nome da Brigada correspondia ao primeiro fascista republicano assassinado a 8 de Dezembro de 1943, em Milão, Aldo Resega, abatido por um grupo comunista. O comandante da Brigada será o *federale* fascista da cidade Vincenzo Costa. Não deve ser confundida com a notória Legião Autónoma Ettore Mutti[47] que actuava de forma independente das Brigadas Negras.

Crepúsculo dos deuses

Os últimos actos heróicos do fascismo italiano foram protagonizados por estes lutadores de Camisa Negra. Na tarde de 25 de Abril de 1945, quando a capitulação alemã em Itália é já é um facto, o batalhão móvel da "Aldo Resega" parte para o Norte, em

---

[47] Nota do editor: esta incluía um batalhão também baptizado com o nome de Aldo Resega.

direcção a Ivrea. Enquanto isso, o batalhão da cidade entrincheira-se na sede milanesa do PFR disposto a resistir. Esta sede situava-se na Piazza San Sepolcro, onde o Fascismo foi fundado em 1919. Contudo, receberam instruções do seu comandante para se juntarem a uma coluna de várias Brigadas Negras que retiram em direcção a Como.

No dia 26 de Abril, de madrugada, uma coluna composta pela Brigada "Aldo Resega" juntamente com as Brigadas Negras "Tognu", "Turchetti", "Azzara", "Fachini", "Capanni", "Cavazzoni", "Tevere" e "Ricciarelli" parte de Milão. São acompanhados pelos homens da Legião Autónoma Mutti e da Guarda Nacional Republicana.

Até atingirem Mornasco a jornada tinha decorrido sem incidentes, saindo da aldeia a coluna é atacada por aviões de caça britânicos. Em questão de segundos, um camião de munições explode matando dois *squadristi* e ferindo seriamente uma auxiliar feminina. Apesar disto, as metralhadoras fascistas conseguem abater um avião britânico. Finalmente chegam a Como onde aguardam ordens para prosseguir a sua marcha até Valtellina – o reduto onde se pensava ser possível resistir e defender o *Duce* – mas estas não chegam. As ordens que recebem na manhã do dia 27 são confusas. Prosseguem com a sua marcha mas são cercados por partisans em Cernobbio, onde são forçados a renderem-se sendo assassinados e executados às dúzias.

A sorte dos membros restantes das Brigadas Negras foi igualmente trágica. O batalhão móvel da "Aldo Resega" que, como já vimos, não acompanhou a coluna principal, foi igualmente atacado pelos comunistas a 25 de Abril mas conseguiram repelir os ataques com a ajuda de uma unidade de Caçadores Alpinos. Na tarde do dia 27 a unidade atinge Savigliano onde descansa e reagrupa unidades fascistas dispersas que se juntam a eles buscando refúgio. A estação de caça aberta para os fascistas foi desencadeada em todo o lado. A eles tinham-se juntado os homens das Brigadas Negras de Cuneo e Savigliano bem como Caçadores Alpinos comandados por um coronel. Quando atingem o seu objectivo, Ivrea, apenas os partisans estão à sua espera. Eles resistirão aos seus ataques até à chegada das tropas americanas a 5 de Maio, a quem se renderão com honras militares.

Os postos mais longínquos dos *squadristi* em aldeias rurais e povoados rendem-se progressivamente aos partisans mas são imediatamente aniquilados sem piedade ou respectivo processo. Com o fim da guerra chega a pior parte desta terrível repressão. Os comunistas massacram famílias e membros das BN (os seus piores inimigos do passado recente) e milhares deles serão vilmente assassinados durante a sangrenta "expurga" de 1945-1946. O próprio Pavolini será assassinado, tal como quase todos os líderes de Brigada, por partisans comunistas. Alguns autores consideram que as BN sofreram baixas de cerca de 60% em combate (incluindo a repressão do pós-Guerra).

O sangrento pós-guerra suscitará muito cedo o aparecimento de grupos neo-fascistas, a memória dos caídos tem de ser respeitada e os seus nomes reabilitados. Uma consequência não prevista pelos comunistas e socialistas quando desencadearam a guerra civil e que ajudou decisivamente, como vimos, à criação de um movimento neo-fascista de massas. Os veteranos agruparam-se em associações cujo objectivo era contrariar a horrível imagem das BN na opinião pública. Para tal nasceu, por exemplo a Associazione D' Arma Fiammanere de Milão, parte da Unione Nazionale Combattenti Della RSI[48]. As suas actividades têm sido numerosas e diversificadas, entre as quais a edição, desde há décadas, de uma revista, "*La Legione*", dedicada às BN e que constitui uma considerável fonte de informação para os historiadores.

---

[48] União Nacional de Combatentes da RSI, nota do editor.

V
Os "socializadores" do fascismo italiano (1922-1945)

Um importante debate intelectual despontou em Itália com a publicação pela bem conhecida casa editorial de Bolonha, Il Mulino, do extenso e documentado ensaio de Giuseppe Parlato, *Fascismo di Sinistra. Storia de un progetto mancato*[49] [Fascismo de Esquerda. História de um projecto falhado]. A tese destacada que tem escandalizado numerosos sectores da *intelligentsia* politicamente correcta da esquerda italiana, é que o fascismo pode ter tido uma grande componente esquerdista, muito maior do que se pensava até agora, assim rompendo com um dos mais divulgados mitos que o definiam como sendo uma doutrina de extrema-direita. Esta discussão, contudo, não é nova; já no princípio dos anos 1990, quando os primeiros trabalhos sérios sobre o assunto foram publicados, podia constatar-se quão enganada tinha sido a abordagem ao fascismo até então.

Fascismo, esquerdista?

Não é ironia do destino que Nicola Bombacci – fundador do comunismo italiano – fosse abatido juntamente com outros hierarcas fascistas em Abril de 1945. Nem que nos últimos meses do fascismo, na chamada República Social Italiana (RSI), fossem aplicadas políticas e princípios que muitos consideraram extremamente

---

[49] Perito em história sindicalista no período fascista, foi o autor de numerosos trabalhos sobre o assunto: *La política sociale e sindícale 1930-1938*, in *Annali della Economía Italiana*, coordinated by G. Rasi, Milão, 1983, Vol. VIII, 1, pp. 293 e seguintes; *Il sindicalismo fascista. Dalla grande crisi alla caduta del regime (1930-1943)*, Roma, 1988.

esquerdistas, um momento no qual, além do mais, a linguagem e a estéticas estavam proletarizadas. O *Manifesto de Verona*, leis como a da Socialização de 1944, os conselhos de trabalhadores, a co-gestão das empresas, a idealização do estado Socialista-Republicano, fizeram do *último Mussolini* e do seu Fascismo Republicano um paradoxo permanente. Como acomodar a propaganda dos historiadores marxistas com a obstinada realidade dos factos? De que modo poderá este período histórico ser enquadrado sem ser reconhecida a sua singularidade? Como legitimar uma resistência antifascista que foi construída precisamente sobre o mito de ter lutado contra os inimigos do trabalhador italiano? Muito simplesmente, uma cortina de silêncio foi descida, contornada por um punhado de nostálgicos que, à justa, deram-se a grandes trabalhos para preservar as fontes, uma tarefa que devemos qualificar como extraordinária e que a História – em maiúsculas – terá um dia de agradecer generosamente. Os tabus permaneceram mais de seis décadas, mas hoje em dia os historiadores italianos conseguiram repensar o passado com um interesse inusitado.[50]

O Socialismo Fascista tem as suas raízes na sua própria tradição de fascismo como movimento revolucionário, no qual socialismo e sindicalismo revolucionário contribuíram decisivamente para a sua fundação. Sendo o fascismo um fenómeno complexo tal como é, este aparente paradoxo pode surpreender a princípio, mas por outro lado explica-o e, de facto, facilita a sua interpretação.

No princípio, o regime mussoliniano foi percebido como uma reacção socialista, apenas com as instruções da Internacional Comunista de oposição estrita ao fascismo (segunda metade dos anos 1930), irá a equação fascismo=extrema-direita tomar forma e instalar um "padrão". Assim, podemos ler num boletim de propaganda de um editor com inclinações comunistas, e portanto insuspeito de tendências fascistas, impresso em 1933 em Valência,

---

[50] Como afirma Renzo de Felice, *Summo Pater* dos historiadores do fascismo italiano, considerado a maior autoridade sobre este período. As suas teses revisionistas causaram-lhe vários problemas embora ele seja de origem judia e ex-membro do Partido Comunista. Sobre o debate acerca da conveniência de estudar a RSI veja-se *Rojo y Negro*, Barcelona, Ariel, 1996.

que "*o fascismo tem uma relação íntima com as ideias de Sorel*", enquanto reconhece que muitos dos antigos líderes socialistas italianos estão agora no lado fascista.[51] Reflexão idêntica fez, naqueles anos, um então jovem comunista que escreveu sobre o fascismo, uma doutrina política, na qual viu, mais do que um mero inimigo do comunismo, um sério competidor na conquista do Estado e das massas proletárias. Montero Diaz, que depois acabará por tornar-se um doutrinador fascista em Espanha, escreveu citando outro comunista/fascista, Curzio Malaparte, que "*a táctica seguida por Mussolini para tomar o Estado não poderia ter sido concebida por mais ninguém senão um marxista. Não podemos nunca esquecer de que a educação de Mussolini é marxista.*"[52]

Da Piazza San Sepolcro ao congresso de Verona

Em 1989 Luca Leonello Rimbotti publicou o seu revelador estudo *Il fascismo di Sinistra. Da Piazza San Sepolcro al congresso di Verona*.[53] A polémica foi desencadeada. Vários foram os historiadores que polemizaram sobre o facto deste estudo abrir, por inércia, um debate historiográfico sobre o papel do fascismo e a sua condição na sociedade italiana, o seu resultado foi, podemos dizê-lo com um grau de certeza, o início da desmistificação de uma boa parte dos preconceitos negativos que eram tidos relativamente a este período histórico. No mesmo ano, em França, foi publicado o estudo fundamental, coordenado pelo professor israelita Zeev Sternhell, *The birth of Fascist ideology*.[54] Nele, Sternhell e a sua equipa, até então quase exclusivamente dedicados às origens francesas do fascismo, insistiam com abundância nas origens revolucionárias do primitivo

---
[51] Gaetan Pirou, *Georges Sorel (1847-1922)*, p. 34-35.
[52] Santiago Montero Díaz, *Fascismo*, Cuadernos de Cultura, Valência, 1932, p.25.
[53] Roma, Settimo Sigillo, 1989.
[54] Princeton University Press, 1995.

fascismo e analisaram com detalhe a gestação de um sindicalismo revolucionário, marcadamente socialista, que inspirado nos teóricos revolucionários dos fins do século XIX e princípios do século XX, será o gérmen de onde nascerá o fascismo.

Devemos ter presente que as primeiras propostas, as que foram proclamadas no acto fundacional dos Fasci de Combate (Milão, 1919), tinham um enorme ênfase revolucionário no qual ninguém poderia prever a futura conivência do *Ventennio* com os poderes tradicionais (Igreja, Finança, Agrarianismo reaccionário...): republicanismo, sufrágio universal, abolição dos títulos de nobreza, a dissolução das entidades financeiras privadas, apoio da superioridade do valor-trabalho comparado ao valor-dinheiro, reforma agrária, solidariedade internacional contra o imperialismo. Isto não impediu o fascismo de agitar a bandeira do *perigo vermelho* para atrair os sectores anti-bolcheviques mais sensíveis da sociedade italiana. Não houve nenhuma contradição neste discurso, mesmo que os antigos companheiros do *Duce* o catalogassem como "traidor", sendo que ele viu o fascismo como uma superação, uma Terceira Via, tanto da Direita como da Esquerda, e embora ele nunca renegasse as suas origens socialistas, estava plenamente convencido de que as tinha ultrapassado. Sobre esta matéria, Mussolini até escreveu que *"no grande rio do Fascismo podem encontrar-se as correntes que brotam de Sorel, do Movement Socialiste de Lagardelle, de Péguy, e da corte dos sindicalistas italianos."*[55]

Em 1922 Mussolini tomou o poder e imediatamente começou uma série de reformas que despertaram a admiração do mundo inteiro. Para fazê-lo, contudo, ele teve de fazer um pacto com os poderes tradicionais e retrair (ou congelar) algumas das suas propostas iniciais. Os sectores mais revolucionários do partido, concentrados nos sindicatos, levantaram as suas vozes em protesto em mais do que uma ocasião. Os *intransigenti*, como foram chamados os fascistas que exigiram a Mussolini que levasse à prática a revolução pendente (um vocabulário que, curiosamente, seria assumido em Espanha pelos falangistas *descontentes* com o regime

---

[55] Vallecchi, Florença, 1937, p. 26.

franquista), foram praticamente defenestrados ou *incorporados* (de novo as similaridades com Espanha são evidentes) no Estado fascista antes do fim dos anos de 1920.[56]

Fascismo, Comunismo

Os últimos meses do fascismo no poder, a República Social Italiana (RSI), foram – como já mencionámos – extremamente intensos e apaixonados. Testemunharam o renascer da ala fascista baptizada como esquerdista, a qual, na realidade, foi a principal perdedora em 1945. A guerra civil foi dirigida contra ela, iniciada pelos comunistas para acabar com a influência que estes resolutos líderes fascistas proletários podiam exercer nos trabalhadores. O secretário-geral do Partido Fascista Republicano, Alessandro Pavolini, veio do núcleo florentino, que se distinguiu pela contribuição que tinha feito, durante o *Ventennio*, de teóricos sindicalistas e da socialização para o fascismo.[57] Pouco tempo depois da guerra, muitos destes fascistas esquerdistas foram, terminada a repressão sangrenta, recebidos de braços abertos pelos comunistas, necessitados como estavam de líderes capazes para enquadrar e organizar os sindicatos do PCI. O Professor Pietro Neglie, da Universidade de Trieste, estudou em detalhe esta transferência de militantes sindicalistas fascistas para os sindicatos comunistas em *Fratelli in camicia nera. Comunisti e fascisti dal corporativismi alla GGIL (1928-1948)*[58], onde se conclui que a chamada transferência foi a consequência lógica de algumas directrizes militantes que foram geradas pelo próprio fascismo, resolutamente emergindo na República Social, mas cujos

---

[56] Pietro Neglie, *Confronto: Il fascismo di sinistra*, debate public com Marco Tarchi a 29 de Outubro de 1998, em Bolonha, organizado pelo pelouro da cultura da câmara municipal, reproduzido em *Diorama Letterario*, Junho de 2000, Florença, p. 12.
[57] Nas mesmas conferências em que Neglie e Tarchi debateram houve também uma apresentação feita por Alessandro Soldani, *Alessandro Pavolini: il partito fascista republicano, la sinistra fascista al potere*.
[58] Bolonha, Il Mulino, 1996.

antecedentes directos têm de ser procurados em meados dos anos de 1920.

Podemos encontrar uma contribuição idêntica para a história dos sobreviventes da considerada ala esquerdista da derrotada República Social no estudo detalhado de Paolo Buchignani, *Fascisti Rossi. Da Saló al PCI. La storia consociate di una migrazione política 1943-1945*.[59] Nele são revelados as conexões e tentativas para atrair os ex-republicanos, como eram chamados, pela área do PCI usando Stanis Ruinas como fio condutor, um líder fascista veterano que seguirá Mussolini durante o *Ventennio* e a República Social, nalgumas ocasiões sujeito a sanções disciplinares, noutras reconciliado com o regime fascista, e que numa data tão tardia como Fevereiro de 1945, continuou a publicar proclamações revolucionárias. Anti-americanismo, europeísmo, anti-sionismo e socialismo foram argumentos que o conduziram mais próximo do PCI do que da ala direita. Na órbita deste personagem singular, um grupo bem nutrido de seguidores mussolinianos encontrará o seu caminho para a esquerda através do comunismo.[60]

Outro grupo digno de nota de militantes fascistas, cujo anti-comunismo os impediu de abraçar o lado esquerdista, embora estivessem muito mais próximos dele do que do direitista, juntaram-se e fundaram em pleno pós-guerra o *Movimiento Sociale Italiano*. Um partido que deverá ter uma transcendência especial na política italiana. A secção sindicalista do MSI chegou a enquadrar mais de um milhão de trabalhadores italianos nos seus melhores anos, na década de 1970. Este movimento, que agrupou numerosas tendências, de monarquistas direitistas a revolucionários nacional-populares, sempre se distinguiu por manter na sua propaganda os

---

[59] Mondadori, Milão, 1998. Igualmente autor de um interessante e não menos pioneiro ensaio sobre a figura do frustrado líder fascista Marcello Galian, *La bataglia antiborghese di un fascista anarchico*, Roma, Bonacci Editore, 1988.

[60] Stanis Ruinas, era o pseudónimo de Giovanni Antonio de Rosas, da Sardenha (1899-1984). Jornalista de profissão e escritor de renome nos anos de 1930, servirá em Espanha como correspondente de guerra com o Corpo de Voluntários Italianos durante a Guerra Civil Espanhola. "Para a glória de Roma e pelo triunfo da Espanha falangista", escreveu ele na dedicatória do livro que escreveu em 1939 após o seu regresso, *Vecchi e nuova Spagna*, Milão, Garzanti Editore, 1940.

argumentos mais revolucionários do *último Mussolini*, de quem sempre se declararam como sendo os *herdeiros espirituais* (e, na prática, também herdeiros materiais, assim não foi em vão que muitos dos seus primeiros líderes tinham sido também líderes do Partido Fascista Republicano).[61] Cisões e grupos nascidos na radiância e na órbita do MSI deverão convergir nos anos 1960-70 na orla do nacional-comunismo. Bem conhecidas são as conexões de muitos líderes de grupos nacional-revolucionários dessa altura que, depois, reaparecerão enquadrados na esquerda italiana, incluindo os grupos radicais esquerdistas, tais como as Brigadas Vermelhas.[62]

Epílogo

A vitalidade do debate em Itália, mesmo que no resto do continente possa estar sufocado pela actual asfixiante tampa ideológica do "politicamente correcto", destaca uma realidade que não pode ser evitada: que a verdadeira história do fascismo está ainda a ser escrita, uma situação que, por razões óbvias, deverá apenas ser resolvida quando os preconceitos e mitos da propaganda antifascista forem definitivamente evaporados. Certamente o fenómeno fascista, a *grande revolução das ideias* como foi classificado pelos seus correligionários contemporâneos, foi um fenómeno tão vasto quanto complexo. A simplificação e a generalização feita pelo marxismo-leninismo (e adoptada por conforto e/ou por cobardia pelos autores da direita que *se deixaram ir com ela*) não ajudou, nem ajuda, ou ajudará à sua compreensão.

---

[61] Para uma demonstração destes princípios do lado *misino* [alcunha dos membros do MSI], veja-se Giano Accame, *Il fascismo inmenso e rosso*, Roma, Settimo Sigillo, 1990; Enrico Landolfi, *Ciao, rossa Salò. Il crepúsculo libertario e socializzatore di Mussolini ultimo*, Roma, Edizioni delloleandro, 1996.

[62] Para um excelente trabalho sobre este assunto, veja-se Orazio Ferrara, *Il mito begato da giovanne Europa ad Avanguardia di popolo. La destra eretica negli anni settanta*, Sarno, 1996. Para os leitores de língua castelhana, veja-se Anónimo, *De Joven Europa a las Brigadas Rojas. Anti-Americanism y lògica de la tarea Revolucionario*, Alternativa Europea, 1996.

Apenas se o ponto de partida for que o fascismo era um *universo aberto*, que englobava todas as camadas da sociedade, onde particamente todos os cidadãos podiam caber, apenas então, será feito um passo significativo em direcção a uma compreensão bem-sucedida do fenómeno fascista. Deixando de lado as suas *boas acções* ou *perversões*.

ERIK NORLING

Apêndices

I

Separação do Partido Socialista Italiano

(Discurso pronunciado por Mussolini a 25 de Novembro de 1914, diante da Assembleia Socialista de Milão, conduzida no Teatro Popular, que decidiu a sua expulsão do Partido Socialista.)

A minha sorte está lançada, e parece que vós gostaríeis de dar uma certa atmosfera de solenidade ao acto da minha eliminação.
Algumas vozes: Forte! Forte![63] *(O orador, perante tão imperiosa insistência, bate nervosamente na mesa com um copo).*
Vós sois mais severos do que os juízes burgueses, que deixam sempre uma porta aberta e um caminho livre para uma mais ampla e completa defesa, mesmo depois da sentença condenatória ter sido pronunciada, concedendo dez dias para um apelo justo. Bem, se o assunto já está resolvido, se corroboram a vossa vontade de declarar-me indigno de permanecer entre vós...
- *Sim, sim! - Gritam a uma só voz os mais exaltados.*
Expulsem-me se querem; mas tenho o direito de exigir uma acusação na devida forma. Nesta assembleia a acusação ainda não apresentou nem a questão política nem a moral, de facto estou a ser decapitado devido a uma ordem do dia que não diz nada de nada. Nela, o que era esperado, era que fosse dito categoricamente: "és indigno de estar entre nós por estes ou aqueles motivos", e então eu teria aceitado o meu destino. Contudo, nada do género me foi dito, e muitos de vós, para não dizer todos, partirão com remorso na vossa consciência.
Vozes altas: - Não! Não!
No que concerne à questão moral, digo mais uma vez que estou pronto a submeter-me a uma comissão - qualquer uma - que indague

---
[63] Nota do tradutor: expressão italiana de forte desacordo, semelhante a um assobio.

sobre este assunto e apresente o seu relatório.

No que concerne a questão de disciplina, eu digo que esta não foi apresentada, nem nada do género, porque existem precedentes reais e precisos que, contudo, eu não deverei invocar, porque estou seguro de mim mesmo, tenho uma consciência limpa. Vós acreditais que me perdestes, contudo digo-vos que estais errados. Vós odiais-me porque vós ainda me amais, porque... (*mais uma vez o orador é interrompido, quer por aplausos, quer por assobios*).

Mas, vós não devereis perder-me; doze anos da minha vida dedicados ao partido são, ou deveriam ser, suficiente garantia da minha fé socialista. O socialismo é algo que tem as suas raízes no próprio sangue. Aquilo que nos separa hoje é uma questão que não é de pouco valor, é um assunto transcendental que divide todo o socialismo. Amilcare Cipriani, em cujo nome conduzimos uma luta memorável no Sexto Colégio Eleitoral (lembrai-vos dessa renhida disputa?), Amilcare Cipriani já não pode ser o vosso candidato, porque declarou quer por palavra, quer por escrito que se não fosse pelos seus 75 anos, ele já estaria nas trincheiras a lutar contra a reacção militarista europeia que sufoca a revolução. O tempo dirá, e então uma pessoa poderá ver claramente quem estava errado e quem estava certo nesta matéria formidável que o socialismo nunca tinha enfrentado antes, simplesmente porque também nunca antes na história da humanidade enfrentou um tal conflito, no qual milhões de proletários lutam uns contra os outros. Uma tal guerra como a actual não eclode todos os dias, tem algumas semelhanças com a epopeia Napoleónica. Waterloo foi em 1814; veremos se em 1914 outro príncipe é derrubado, se outro trono cai aos pedaços, se outra coroa será desfeita; talvez seja também a libertação da liberdade e que uma nova era na história mundial seja iniciada... (*aplausos*) especialmente na história do proletariado que, em todas as horas críticas me tem visto aqui neste mesmo lugar, e também nas ruas.

Mas também vos digo, que de agora em diante não perdoarei ninguém, não mostrarei misericórdia àqueles que nesta hora trágica não falarão por medo de assobios ou gritos de desaprovação.

(*Aplausos*)

Não haverá perdão, nenhuma misericórdia para os abstencionistas, para os hipócritas, para os cobardes! Quanto a mim, podereis encontrar-me sempre ao vosso lado. Não acrediteis que a burguesia vê com entusiasmo a nossa atitude intervencionista; pelo contrário, ela murmura, ela acusa-nos de sermos aventureiros e treme com o pensamento de que o proletariado, provido de baionetas, possa usá-las para outros fins.

(*Alguns aplaudem; outros gritam: Não! Não!*)

Não acreditem, sequer por um momento, que por despojarem-me do meu cartão de membro fazem o mesmo às minhas convicções socialistas, nem que me impedirão de continuar o meu trabalho a favor do socialismo e da revolução. (*Aplausos)*

II

O programa fundacional do Fascismo

(23 de Fevereiro de 1919)

(Entregue por Mussolini no salão do Círculo da Aliança Industrial na Piazza San Sepolcro, em Milão)
Mais de uma centena de seguidores e simpatizantes estavam presentes quando Mussolini apresentou o seu programa, que tem sempre sido considerado como manchado com fortes conotações *esquerdistas*. Os pontos fundamentais eram:

1)Convocar uma Assembleia Nacional Constituinte.
2)Proclamar a República Italiana. Descentralização e autonomias. Soberania popular levada a cabo por sufrágio universal e igualdade de direitos para os cidadãos de ambos os sexos. Eliminação da burocracia irresponsável e reorganização da administração do Estado de raiz.
3)Abolição do Senado e da polícia política; criação de uma Guarda dos Cidadãos.
4)Abolição de todos os títulos de casta, mantendo apenas aqueles de honra e nobreza de talento e aqueles derivados da honorabilidade do trabalho.
5)Abolição do serviço militar de recruta, desarmamento geral e proibição de fabrico de quaisquer artefactos bélicos no país.
6)Liberdade de pensamento e consciência, de religião, de associação, imprensa, propaganda, agitação individual e colectiva.
7)Falta
8)Falta
9)Dissolução de todas as sociedades anónimas e indústrias

financeiras, supressão de todos os géneros de especulação originários dos bancos e mercados de acções.

10)Inspecção e redução das fortunas individuais. Confiscação dos rendimentos não produtivos. Pagamento da antiga dívida do Estado por aqueles que possuíam a riqueza.

11)Interdição do trabalho infantil a menores de 16 anos. Jornada de trabalho legalmente prescrita de oito horas diárias. Banimento dos parasitas inúteis para a sociedade.

12)Participação directa dos cidadãos úteis em todos os elementos do trabalho. Terra para os camponeses. As indústrias, transportes e serviços públicos serão administrados por sindicatos de técnicos e trabalhadores. Eliminação de toda a espécie de especulação pessoal.

13)Abolição da diplomacia secreta.

14)Política internacional inspirada na solidariedade dos povos.

III

Programa dos Fasci Italianos de Combate

Italianos!
Contemplem o programa nacional de um movimento genuinamente italiano.
Revolucionário, pois é anti-dogmático e anti-demagógico; poderosamente inovador, pois está despojado de qualquer tipo de *aprioris*.
Nós colocamos acima de tudo a revalorização da guerra revolucionária.
Todos os outros problemas: burocracia, administração, direito, escolas, colónias, etc., abordá-los-emos quando tivermos criado a classe dirigente.

É por isso que queremos:

Em relação ao programa político

a) Sufrágio Universal com voto por escrutínio regionalista e representação proporcional, direitos de voto e igualdade para as mulheres.
b) Diminuição da idade limite para 18 anos para os eleitores e para 25 anos para os deputados.
c) Abolição do Senado.
d) Convocação por um período de três anos, de uma Assembleia Nacional que terá como tarefa principal estabelecer a forma da constituição do Estado.
e) Estabelecimento de conselhos nacionais técnicos do trabalho, na indústria, nos transportes, na higiene social, nas comunicações, etc., eleitos pelas colectividades profissionais ou de ofício, com poderes legislativos e o direito a eleger um conselheiro geral para os poderes legislativos e o direito de eleger um comissário geral empossado como ministro.

Em relação ao programa social

Nós queremos:
a) Rápida promulgação de uma lei que imponha as oito horas legais da jornada diária de trabalho para todos os trabalhadores.

b)Salários mínimos.
c)Participação dos representantes dos trabalhadores na gestão técnica das indústrias.
d)Conceder às organizações proletárias (desde que estas sejam disso merecedoras, moral e materialmente) a gestão de indústrias ou serviços públicos.
e)Rápida e completa organização dos trabalhadores dos caminhos-de-ferro e de todas as indústrias e transportes.
f)Uma necessária modificação do projecto de lei sobre as políticas de seguros para acidentes e velhice, que baixe a idade limite de admissão de 65 para 55 anos.

Em relação ao problema militar

Nós queremos:
a)O estabelecimento de uma milícia nacional, com períodos breves de instrução e um objectivo exclusivamente defensivo.
b)Nacionalização de todas as indústrias de armamento e explosivos. Uma política externa nacional que revalorize a nação italiana diante do mundo, nas competições pacíficas da civilização.

Em relação ao problema financeiro

Nós queremos:
a)Uma pesada tributação extraordinária, com carácter progressivo que representará uma autêntica expropriação parcial de toda a riqueza.
b)Confisco de todos os bens das congregações religiosas e a supressão de todas as receitas eclesiásticas episcopais, que constituem um enorme deficit para a Nação e um privilégio para uma minoria.
c)Revisão de todos os contratos feitos pelos ministros da guerra e o confisco de 85% de todos os lucros de guerra.[64]

---

[64] Nos Fasci Italiani di Combattimento (Fasci Italianos de Combate) está a semente do que mais tarde se tornará o Partido Nacional Fascista. O programa aqui reproduzido foi publicado pela primeira vez no *Il Popolo d'Italia* a 6 de Junho de 1919, jornal fundado e dirigido por Benito Mussolini.

IV

Discurso de Benito Mussolini ao povo Italiano

(18 de Setembro de 1943)

Camisas Negras! Italianos!

Depois de um prolongado silêncio ouvis de novo a minha voz. Estou certo de que a reconhecereis. É a mesma voz que tantas vezes vos convocou nas horas difíceis e que convosco celebrou as mais belas jornadas da Pátria.

Por algum tempo eu hesitei em apresentar-me de novo diante de vós. Eu necessitei, antes de tudo, de fazer um retiro espiritual antes de mostrar-me ao mundo, cujo contacto, depois do meu retiro moral, era-me necessário.

A rádio não é apropriada para longos discursos. Por isso eu não gastarei muito tempo em eventos prévios, mas começarei por referir aqueles de 25 de Julho.

Foi a mais incrível vicissitude da minha vida, já tão rica em aventuras. A minha conversa com o rei durou pouco mais de vinte minutos. Qualquer acordo era então impossível, dado que o rei já se tinha decidido. O desencadear da crise estava iminente. Frequentemente tempos de paz e de guerra têm dado lugar à exoneração de ministros ou inclusivamente à eliminação de um dado general; mas nunca se tinha ouvido, até agora, de um homem que como eu, com absoluta fidelidade serviu o seu rei por mais de vinte anos, fosse preso nas próprias escadarias da residência real, forçado a entrar numa ambulância com o pretexto de salvá-lo de uma alegada conspiração dirigida contra si, e levado de quartel para quartel. Já quando eles me transferiram para Ponza fui tomado por uma súbita suspeita, que se converteria em certeza quando daí fui levado para a ilha La Magdalena e dela para o Gran Sasso, que entre os projectos adoptados eu devia ser entregue ao inimigo. Embora sem comunicação com o mundo exterior eu tinha, contudo, o firme sentimento interior de que o *Führer* se preocupava com a minha pessoa mais como um irmão do que como um camarada. A palavra fidelidade tem um sentido profundo, ou melhor dizendo, um sentido eterno no coração alemão, um sentido que se reflecte, tanto no geral como em particular, no seu mundo espiritual. Eu estava certo de que receberia uma prova disso. Tomando conhecimento das condições do armistício eu não tinha a mínima dúvida acerca do significado do artigo 12º. Um funcionário público de alto nível disse-me que eu era um refém. Na noite de 11 para 12 de Setembro, contudo, eu fiz saber que não cairia vivo nas mãos do inimigo.

No diáfano ar da montanha flutuava um ambiente de esperança. Eram 2 da manhã quando vi o primeiro pára-quedista a descer, seguido pelo resto, dispostos a vencer qualquer tipo de resistência. As pessoas que me tinham sob sua custódia compreenderam-no e não abriram fogo. Tudo isto teve lugar em poucos minutos. O salvamento, toda a acção em geral, constitui um exemplo da organização e decisão alemãs que ficarão na História, e um facto que o tempo converterá em lenda. Isto encerra o capítulo que pode chamar-se o meu drama pessoal, e isso é apenas uma insignificância quando comparado com a horrível tragédia na qual o governo democrático mergulhou o povo italiano no 25 de Julho.

Um incrível optimismo por parte de alguns fascistas tornou inadmissível que esse governo levasse a cabo esses projectos tão catastróficos contra o partido, o regime e a própria nação. Contudo as medidas ditadas imediatamente após o 25 de Julho esboçaram um programa cujos propósitos eram destruir vinte anos de trabalho e apagar vinte anos de glória bem como eliminar a memória da criação de um império e de um estatuto nunca antes atingido pela Pátria. Hoje, na presença das ruínas da guerra, que continua, eles procuram, desesperadamente, chegar a um compromisso, para justificar aquele sobre o qual recai a maior responsabilidade e para persistir em erro. Aqueles que hoje em dia atacam o partido são os mesmos seres autoindulgentes que já nos princípios do nosso movimento procuraram sabotar o avanço social e diminuir os nossos feitos nacionais e imperiais. Enquanto isso, quanto a nós, nós assumimos por completo a nossa responsabilidade, vamos agora pôr à prova a responsabilidade dos outros, começando pelo primeiro deles todos.

O rei, que já foi desmascarado, mas que contra o desejo da maioria dos italianos, não abdicou, tem uma responsabilidade directa. Ele representou a sua dinastia em cada período e episódio da guerra, declarada por ele, o centro do derrotismo e da propaganda anti-alemã. Ele, o mais cauteloso de todos, embora algumas vezes não o fosse, fez suas todas as especulações do inimigo, enquanto o seu herdeiro assumia o comando do exército do Sul sem nunca aparecer no campo de batalha. Estou convencido de que foi a Casa de Sabóia, juntamente com o seu cúmplice Badoglio, alguns generais cobardes e alguns traidores das fileiras do Partido Fascista, que primeiro preparou, até aos últimos detalhes, e depois levou a cabo, o golpe de Estado. Não pode haver dúvida de que imediatamente após a minha detenção, Badoglio recebeu poderes plenipotenciários para iniciar negociações sobre o armistício, negociações que já tinham sido iniciadas antes da minha detenção, entre a Casa de Sabóia e a Inglaterra. Portanto, o rei traiu a Alemanha de uma forma deveras lamentável, inclusivamente indo tão longe como negar, depois do armistício ter sido assinado, que tais negociações tenham existido. A própria dinastia, a que eu salvei de colapsar há vinte anos, foi a que criou, de acordo com o antigo estatuto de 1848, um novo governo e uma nova liberdade sob o signo de um estado de guerra e das baionetas. No que concerne aos termos do armistício, que deveriam ser generosos, eles são ao invés o mais duros que se possa imaginar. Nada acerca destes termos, nem a minha prevista entrega ao inimigo, mereceu a objecção do rei. Exclusivamente pela única preocupação da sua coroa, ele lançou a Itália no caos, vergonha e miséria. Em todos os continentes, do Extremo-Oriente à América, os crimes da Casa de Sabóia são bem conhecidos. Nem os nossos inimigos que nos coagiram a esta vergonhosa capitulação escondem o desprezo que sentem por nós. Desde o momento que esta vergonha caiu sobre nós, pode acontecer que um italiano, inclusivamente nos seus assuntos privados, se torne suspeito aos olhos de outros. Se esta situação afectasse apenas o grupo dos autenticamente responsáveis, poderia aceitar-se; mas deve-se transmitir que as consequências desta vergonha atingem todos os italianos, do primeiro ao último.

Depois de perdermos a nossa honra, também perdemos os países que temos ocupado nesta guerra: as possessões no Mar Adriático, no Mar Jónico e no Mar Egeu, no Sul de França e nos Balcãs. O exército, humilhado e deixado em apuros, dissolveu-se, sendo desarmado pelos seus próprios aliados, diante do gozo da população civil.

Esta humilhação teve de ser aguentada por soldados que em tantos campos de batalha, lado a lado com os seus aliados alemães, lutaram com tanta bravura. Também nos cemitérios russos, onde tantos heróis se encontram, e noutros campos de batalha onde italianos e alemães descansam juntos, deverá sentir-se esta vergonha. A Marinha Real Italiana, criada durante estes últimos vinte anos florescentes, rendeu-se em Malta. Nessa ilha pilar do imperialismo britânico no Mediterrâneo, que ameaça constantemente os interesses vitais italianos. Estas são as responsabilidades expostas também pelo *Führer* no seu último discurso e que sublinham a traição de Badoglio, quem inclusivamente após a capitulação permitiu o bombardeamento das pequenas e grandes cidades do Sul e centro de Itália com o objectivo de enganar os alemães. O fascismo não traiu a monarquia, foi a última que sozinha conseguiu tal que já ninguém confia nela. Não obstante, a unidade do povo italiano não se foi abaixo. Se a monarquia não é capaz de cumprir o seu papel histórico, perde o seu propósito. Por outro lado, as tendências fundamentais italianas foram sempre mais republicanas do que monárquicas até ao advento da era da unificação da Itália. Foi o movimento republicano de Mazzini que combateu as monarquias italianas, principalmente estrangeiras.

O novo estado do qual almejamos lançar as fundações será nacional e social no sentido mais amplo; será um Estado Fascista com a mesma orientação que tinha na sua fase inicial.

Estando convencidos de que o nosso movimento será irresistível, formulamos as seguintes exigências:

1)Retomar da luta lado a lado com a Alemanha, Japão e restantes aliados. Apenas o sangue pode apagar uma página tão desonrosa na História da nossa Pátria.

2)Reconstrução imediata do exército, que se reagrupará em redor de um núcleo constituído pela Milícia. Apenas aquele que porta armas e que luta pelo seu credo pode ganhar.

3)Eliminação dos traidores, particularmente aqueles que no 25 de Julho, às 9.30 reconheceram o novo governo, assim juntando-se às fileiras inimigas.

4)Eliminação da plutocracia e estabelecimento de uma base social em cima da qual possa construir-se o Estado, sustentado pelo trabalho dos seus cidadãos.

Camisas negras, fiéis apoiantes de toda a Itália! Mais uma vez convoco-vos ao trabalho e às armas. A alegria dos inimigos devido à capitulação de Itália não significa que eles já tenham a vitória na mão. Os nossos aliados, a Alemanha e o Japão, continuarão a lutar até à vitória final, sem sequer pensarem em capitulação. Camisas Negras, reconstituí os vossos batalhões, que têm levado a cabo tão heróicos feitos! Vós, jovens fascistas, juntai-vos às divisões que com tanta bravura lutaram em Birlgobi; vós, aviadores, que contrariaram tão bem os ataques inimigos às nossas cidades; e vós, mulheres fascistas, tornem-se uma vez mais o apoio moral e material do nosso povo, do qual ele está tão necessitado! Camponeses, operários, artesãos! O Estado vindouro será o vosso Estado. Defendei-o para que ninguém possa, nunca mais, colocá-lo em perigo. O nosso valor, a nossa fé e a nossa vontade, darão à Itália um novo futuro, e com ele, novas possibilidades de vida e o seu lugar ao sol. Convertam esta esperança numa certeza inquebrável! Viva a Itália! Viva o novo Partido Fascista Republicano!

V

O "Manifesto" de Verona

O Manifesto de Verona, nome pelo qual ficou conhecida a declaração programática do PFR[65], foi escrutinado num Domingo, 14 de Novembro de 1943, no congresso do Partido em Verona.

Os 18 pontos

Em relação às matérias constitucionais internas:

1. Deverá ser convocada uma Assembleia Constituinte, poder soberano de origem popular, para declarar a abolição da monarquia e a solene condenação do seu último rei como um traidor e um desertor e, uma vez que a República Social tenha sido proclamada, deverá nomear o seu líder.
2. A Assembleia Constituinte é formada por representantes de todas as associações sindicais e circunscrições administrativas, incluindo aquelas representativas das províncias ocupadas por meios das delegações de refugiados no território livre.
Além do mais tem de incluir as representações dos combatentes, dos prisioneiros de guerra por meio das minorias repatriadas, dos expatriados italianos, da magistratura, das universidades e de qualquer corporação ou instituto cuja participação possa contribuir para fazer da Assembleia Constituinte a síntese de todos os valores da Nação.
3. A Constituição Republicana deverá assegurar ao cidadão –

---

[65] Partido Fascista Republicano.

soldado, operário ou contribuinte – o direito a controlar criticamente as acções da administração pública. A cada cinco anos, o cidadão será chamado a escolher a eleição do líder da República.

Nenhum cidadão, quer seja apanhado no acto de cometer uma ofensa ou por medidas preventivas coercivas, pode ser encarcerado por mais de sete dias, sem a correspondente ordem judicial. Além do mais, com a excepção do *in flagrante delicto*, deverá ser requerido um mandato judicial para levar a cabo qualquer busca domiciliária. Quando no exercício das suas atribuições, a magistratura deverá actuar com total independência.

4. O desfecho negativo da experiência eleitoral já levada a cabo em Itália, bem como a experiência parcialmente negativa no que concerne aos procedimentos eleitorais, hierarquizados de uma forma demasiado rígida, dá lugar a uma solução que concilia as exigências em oposição. Um sistema misto (por exemplo, eleição popular dos representantes no Parlamento e nomeação dos ministros pelo líder quer da República e do governo, e, no Partido, eleições para os Fasci, sujeitos a ratificação, e eleição do directório pelo *Duce*) parece ser o mais aconselhável.

5. Haverá uma única organização competente para a educação política do povo.

Dentro do partido, constituído por combatentes e simpatizantes, deverá existir um organismo de absoluta pureza política, digno de se tornar a salvaguarda da ideia revolucionária.

O cartão de membro do Partido não deverá ser pedido para preencher qualquer posto de trabalho ou posição.

6. A religião da República é a Católica, Apostólica e Romana. Qualquer outro culto que não se oponha às leis deverá ser respeitado.

7. Todas as pessoas pertencentes à raça Hebraica deverão ser consideradas estrangeiras. Durante a duração desta guerra elas são consideradas como pertencendo a uma nacionalidade inimiga.

Em relação à política externa

8. O objectivo essencial da política externa tem de ser a unidade, a independência e a integridade territorial da Pátria nos seus limites marítimos e alpinos desenhados pela Natureza, pelo sacrifício do sangue e pela História, fronteiras ameaçadas pelo inimigo com a invasão e com as promessas ao governo refugiado em Londres. Outro objectivo essencial consistirá em ver reconhecida a necessidade de espaços vitais indispensáveis para um povo de 45 milhões de habitantes, localizado numa área insuficiente para alimentá-los.

Além do mais, tal política deverá ser adoptada para o estabelecimento de uma comunidade europeia, federando todas as Nações que aceitem os seguintes princípios fundamentais:

a) Eliminação das centenárias intrigas britânicas no nosso continente.

b) Abolição do sistema capitalista interno (europeu), oposição às plutocracias.

c) Valorização, em nome dos europeus e dos povos autóctones, dos recursos naturais de África, respeitando em absoluto aqueles povos, especialmente os muçulmanos, que tal como no Egipto, estão nacional e civilmente organizados.

Em relação aos assuntos Sociais:

9. A base e objecto primordial da República Social é o trabalho manual, técnico e intelectual em todas as suas manifestações.

10. A propriedade privada, fruto do trabalho e de poupanças pessoais, parte integral da personalidade humana, é garantida pelo Estado. Não obstante, não pode desintegrar a personalidade moral e física de outros, através da exploração do seu trabalho.

11. Dentro da economia nacional, todos aqueles que pelas suas dimensões ou funções ultrapassem a esfera de interesse privado para

entrar na do interesse nacional, caem na área de intervenção do Estado. Os serviços públicos, e portanto por natureza a produção de guerra, serão geridos pelo Estado através de entidades para-Estatais.

12. Em todas as empresas (industriais, privadas, para-Estatais e Estatais) as delegações de técnicos e de operários cooperarão intimamente, através de conhecimento directo da sua gestão, na tarefa de estabelecer salários equitativos, bem como na justa distribuição dos lucros entre o fundo de reserva, os rendimentos do capital accionista e a participação dos trabalhadores em tais rendimentos.

Nalgumas empresas, isto pode ser alcançado dando prerrogativas mais amplas às comissões fabris, já em funções. Noutros casos, substituindo o conselho de administração por conselhos de empresa compostos por técnicos, operários e um representante do Estado. Finalmente, poderá ser também implementado por meio de uma cooperativa para-sindical.

13. Na agricultura, a iniciativa privada do dono deverá ser limitada apenas pela própria falta de iniciativa. As terras não-cultivadas e as propriedades mal administradas podem ser expropriadas e inclusivamente parceladas e entregues a trabalhadores rurais como trabalhadores directos, ou tornarem-se propriedades cooperativas, para-sindicais ou para-Estatais, de acordo com as necessidades da economia agrícola. Tudo isto já está abrangido pelas leis já em vigor, para cuja implementação o partido e as organizações sindicais devem concertar-se para dar o necessário estímulo.

14. Os cultivadores directos, artesãos, profissionais e artistas têm direito a explorar por completo as suas próprias actividades produtivas, individual, familiarmente ou em grupos, sendo obrigados a entregar a quantidade de produtos estabelecida por lei e a submeter a controlo as taxas dos serviços prestados.

15. O aluguer de uma casa não é apenas um [abstracto] direito à propriedade, mas um [concreto] direito de posse. O partido inclui no seu programa o estabelecimento de uma instituição nacional para os projectos habitacionais do povo; a qual, absorvendo as instituições

existentes e alargando a sua acção ao máximo, deverá facilitar a posse de casa para as famílias operárias de qualquer categoria, quer pela construção directa de novos alojamentos, quer pelo gradual resgate dos existentes. Deve enfatizar-se o princípio geral de que um arrendamento – uma vez que o capital tenha sido reembolsado e o justo lucro pago – constitui um título de propriedade.

Como obrigação primordial, o Instituto deverá resolver os problemas derivados das destruições causadas pela guerra, confiscando e distribuindo locais desocupados e instalações provisórias.

16. O trabalhador deverá ser obrigatoriamente inscrito, com todos os direitos, no sindicato da sua especialidade, isto não impede a sua transferência para outro [sindicato] sempre que ele possua os necessários requisitos. Os sindicatos convergem numa única confederação na qual estão incluídos todos os operários, técnicos e profissionais, excluindo os proprietários que não são nem gestores nem técnicos. Esta deverá ser denominada Confederação Geral do Trabalho, Técnica e Artes.

Os empregados das empresas industriais do Estado e dos serviços públicos deverão formar sindicatos, tal como o resto dos trabalhadores. Todas as leis sociais instituídas pelo regime Fascista durante os últimos vinte anos são declaradas em vigor. A Carta do Trabalho constitui, à letra, na sua consagração e espírito, o ponto de partida em direcção a uma vida futura.

17. Nas presentes circunstâncias o partido considera necessário um reajuste imediato dos salários dos trabalhadores, através da adopção de salários mínimos nacionais e imediatas revisões locais, dizendo respeito acima de tudo aos empregados de escalão baixo e médio, quer privados quer estatais. Para evitar que tais medidas fossem ineficazes e, mais tarde, lesivas para todos, deverá procurar-se que por gestão de estoques, dentro das cooperativas e empresas privadas, uma ampla ajuda "social" e pelo confisco de negócios, culpados de infracções passadas, daí em diante colocadas sob gestão cooperativa ou para-Estatal, seja possível pagar uma parte dos salários em mantimentos ao preço oficial de mercado. Apenas

através disto poderemos alcançar a estabilização de preços e da moeda e a restauração do mercado. No que concerne ao mercado negro, pedimos que os especuladores, tal como os traidores e os derrotistas, caiam sob a jurisdição dos tribunais extraordinários e possam ser condenados à pena de morte.

18.   Com este preâmbulo à Assembleia Constitutiva, o partido demonstra que não só caminha na direcção do povo, mas que ele está com o povo. Em última análise, o povo italiano deve estar consciente de que só existe um meio de defender as conquistas de ontem, de hoje e de amanhã: recusar a invasão escravizadora das plutocracias anglo-americanas, cujo objectivo é acentuar por todos os meios a vida angustiada e triste dos italianos. Existe apenas uma via para atingir todos os objectivos sociais: lutar, trabalhar, vencer.

VI

A Socialização:

lei da República Social Italiana

A 13 de Junho de 1944 o Conselho de Ministros já tinha aprovado uma premissa fundamental para a criação da nova estrutura da economia italiana, na qual dava uma importância decisiva à intervenção do Estado na economia, concedendo por completo ao trabalho uma posição privilegiada com direitos e responsabilidades ainda não alcançados. A "premissa" foi apresentada por Mussolini.

O Conselho de Ministros de 12 de Fevereiro de 1944, aprovou a lei da "Socialização", os seus objectivos principais podem ser resumidos da seguinte maneira:

1. A luta armada é para ser acompanhada do reforço do ideal político;
2. Recuperação da concepção mussoliniana em direcção a uma mais alta Justiça Social, uma mais equitativa distribuição da riqueza e uma participação do trabalho na vida do Estado.
3. Normalizar a situação prévia, no que concerne às relações entre o capital e o trabalho, concedendo aos seus factores de produção os direitos, deveres e responsabilidades que correspondem a cada um, de acordo com a própria vida do Estado;
4. Valorizar por completo a função social, a responsabilidade e a pessoa do gestor da empresa no que diz respeito à actividade produtiva da sua organização e às relações sociais na vida da própria empresa, baseando, em conceitos objectivos a valorização e métodos de cada indivíduo;
5. Aumentar, através de uma produção bem organizada e uma normalização da vida da empresa, a capacidade produtiva de cada

uma das secções, assim criando o instrumento mais eficiente possível para a solução dos problemas bélicos, com o objectivo de contribuir, com o esforço da economia italiana, para o [esforço de guerra] do Eixo e para o pós-guerra vindouro;

6. Para contrariar a concepção comunista que culmina num capitalismo de Estado, no qual cada um dos factores de produção é privado de direitos de representação e participação na vida do estado, o conceito fascista e nacional-socialista que tenta levar o capital e o trabalho a cooperarem na vida do Estado;

7. Salvaguardar e aumentar a iniciativa privada dentro dos princípios sancionados da órbita da Carta do Trabalho, antídoto quer contra o Partido Comunista por um lado, e a Plutocracia por outro;

8. Criar uma Nova Ordem que ofereça ao povo a possibilidade de construir o seu próprio amanhã e conquistar o seu lugar na cena internacional europeia depois da vitória do Eixo.

A estes objectivos corresponde a disposição submetida à aprovação do Conselho de Ministros, que capacita sob a forma de lei as três directrizes que estão inscritas nas bases programáticas aprovadas pelo mesmo conselho do passado dia 11 de Janeiro: integração do trabalho na gestão das empresas, a transferência para a propriedade do Estado daquelas empresas que pela sua importância ultrapassam a esfera privada, limitação dos lucros do capital e participação do trabalho em tais lucros. Destas linhas de orientação, a primeira é considerada como sendo a mais importante, dado que estabelece, como critério geral, que as forças do trabalho devem alcançar o núcleo do mecanismo de produção e participar activamente na sua vida através dos seus próprios representantes. Este critério deve ser considerado como o eixo revolucionário da nova estrutura das empresas, já que a propriedade Estatal de quaisquer empresas só constitui, por si própria, uma forma de capitalismo de Estado, uma burocratização do processo económico, se se limitar ao controlo da actividade produtiva pelos poderes públicos. Mas a transferência para a posse do Estado de algumas determinadas e numericamente limitadas empresas, concebida por nós, é conformada pelo processo geral de Socialização da estrutura económica do país e constitui uma forma mais avançada e integral de Socialização para aqueles sectores que por serem predominantemente de interesse para a comunidade exigem que esta assuma de forma directa a sua propriedade e controlo, excluindo a intervenção de interesses e de forças e interesses particularistas. Isto pode certamente ser alcançado através da propriedade do Estado, o qual é o representante da comunidade, mas também através da participação directa e integral do trabalho na sua gestão.

O mesmo pode ser dito da outra linha de orientação que inspira a disposição submetida à aprovação do Conselho: a participação do trabalho nos rendimentos. Esta não pode, nem ser concebida, nem ter lugar se o trabalho não adquirir conhecimento e consciência da actividade produtiva da empresa, dos seus problemas, das suas exigências e das suas possibilidades, assumindo por completo a forma de um colaborador na própria gestão da empresa. A importância predominante do conceito de Socialização explica quer a base jurídica da lei bem como a ordem sistemática que nela foi seguida, fazendo com que o título referente à administração Socializada da empresa preceda aquele que se refere à transferência de empresas para a posse do Estado e a determinação e distribuição dos rendimentos.

VII

Lei da Socialização das Empresas

Aqui está a Lei da Socialização tal como aprovada pelo Conselho de Ministros:

O *Duce* da República Social Italiana
Dada a Carta do Trabalho;
Dado o projecto da nova estrutura económico-social, aprovada pelo Conselho de Ministros a 13 de Janeiro de 1944;
Por proposta do Ministro da Economia Corporativa e com e de total acordo com os ministros das Finanças e da Justiça,

Decreta que:
(Título um)
Art. 1. Gestão das empresas.
A gestão das empresas, quer Estatais ou de propriedade privada, é por este meio Socializada. Nela, o trabalho assume um papel directo. O funcionamento das empresas Socializadas é regulado pela presente proposta de lei, pelo estatuto ou regulamento de cada empresa, pelas normas do Código Civil e pelas leis especiais desde que elas não contradigam as presentes disposições.
Art. 2. Organismos de gestão das empresas.
Os organismos para a gestão das empresas são:
a) Para as empresas privadas assumindo a forma de sociedades de accionistas ou para sociedades de responsabilidade limitada com um mínimo de capital de um milhão: o cabeça da empresa, a assembleia, o conselho de administração e o colégio sindical;
b) Para as companhias privadas que assumem outra forma legal de sociedade: o cabeça da empresa e o conselho de administração;
c) Para as companhias privadas individuais: o cabeça da

empresa e o conselho de gestão;
d) Para as companhias propriedade do Estado: o cabeça da empresa, o conselho de administração e o colégio sindical.

Secção I
Administração das empresas de propriedade privada
Capítulo I. Gestão das empresas de capital social

Art. 3. Sociedades por acções e organismos das sociedades de responsabilidade limitada.

Nas sociedades por acções e nas de responsabilidade limitada, com um capital mínimo de um milhão, os representantes eleitos dos trabalhadores da companhia: operários, trabalhadores de escritório, técnicos e gestores, tomam parte nos organismos colegiais de administração.

Art.4. Assembleia, Conselho de gestão e Colégio sindical.

Em virtude das disposições em vigor no artigo 2368º do Código Civil, e artigos seguintes, na sua constituição regulamentar, os representantes dos trabalhadores deverão participar na assembleia com um número de votos igual àquele do capital interveniente.

A assembleia nomeia um conselho de administração formado em metade pelos representantes dos associados, e a outra metade pelos representantes dos trabalhadores. Além do mais, a assembleia nomeia um colégio sindical, no seio do qual deve haver, pelo menos, um administrador titular e um substituto, proposto pelos representantes dos trabalhadores de acordo com as disposições estabelecidas no Código Civil para os colégios sindicais.

Art.5. Votação

Nas votações, tanto para a assembleia como para o conselho de administração prevalece, se um empate acontecer, o voto do cabeça da empresa que, por lei, preside aos anteriores órgãos sociais.

Art.6. Conselho de gestão das sociedades que nem são de tipo accionista nem de responsabilidade limitada.
Nas sociedades que não estão abrangidas no Art. 3 e que possuem um mínimo de um milhão em capital ou que têm pelo menos 100 trabalhadores, o conselho de gestão será preenchido por sócios e, em igual número, por representantes eleitos dos trabalhadores da empresa.

Art. 7. Poderes do conselho de gestão.
O conselho de gestão das companhias de capital social privado é submetido a um exame sistemático e periódico da sua gestão técnica, económica e financeira.

a) Delibera sobre todas as matérias relacionadas com a vida da companhia, sobre a orientação do desenvolvimento da produção, dentro do quadro do plano nacional estabelecido pelos organismos competentes do estado;

b) Expõe o seu raciocínio sobre a estipulação de contratos de trabalho às associações sindicais enquadradas na Confederação Geral do Trabalho, Técnica e Artes, e sobre qualquer outro assunto em incumbência, da disciplina e tutela do trabalho e da companhia;

c) Em geral, exerce dentro da companhia todos os direitos conferidos pelo estatuto e aqueles inscritos nas leis em vigor, tendo em vista os administradores sempre que eles não contrariem as disposições do presente regulamento;

d) Faz o balanço dos livros da companhia e propõe as distribuições de benefícios cumprindo com as disposições do corrente regulamento e do Código Civil.

Art.8. Prerrogativas dos membros do Conselho de Gestão.
Os membros dos conselhos de gestão eleitos pelos trabalhadores não são obrigados a prestar juramento.

Art.9. O cabeça da empresa
Nas sociedades por acções e naquelas de responsabilidade limitada com um mínimo de um milhão em capital, o cabeça da

empresa é eleito entre os associados, de acordo com as modalidades inscritas nos estatutos e regulamento do procedimento constitutivo das sociedades mencionadas acima.

Art.10. Poderes do cabeça da empresa.

O cabeça da empresa convoca a assembleia e preside-a, além do mais: ele preside ao conselho de administração; representa a companhia nas suas relações com partes terceiras. Ele tem a responsabilidade e o direito nomeado pelo Art. 21, e artigos seguintes, e todos os poderes que lhe são atribuídos no estatuto, bem como os inscritos nas leis correntes, sempre que estas não contrariem as disposições da presente regulamentação.

Capítulo II.
Administração das companhias de capital individual.

Art.11. Conselho de gestão.

Nas companhias individuais, sempre que o capital investido atinja um milhão e o número de trabalhadores uma centena, deverá haver um conselho de gestão composto por, pelo menos, três membros eleitos de acordo com a regulamentação da companhia: operários, trabalhadores de escritório, técnicos e gestores.

Art. 12. O cabeça da empresa e os poderes do conselho de gestão.

Nas companhias individuais, o empresário, que assume a pessoa jurídica do cabeça da empresa com as responsabilidades e os deveres estabelecidos no Art. 21 e seguintes, é assistido na gerência da companhia pelo conselho de gestão, que deverá ajustar a sua actividade às linhas orientadores da política Social do Estado. O empresário cabeça da empresa deverá convocar periodicamente, pelo menos uma vez por mês, o conselho para submeter-lhe as matérias relacionadas com a produção da empresa e, anualmente, aquando do balanço dos livros da empresa, para a sua aprovação e distribuição dos benefícios.

Secção II
Gestão das companhias propriedade do Estado.

Art.13. O cabeça da empresa.

O cabeça de uma empresa propriedade do Estado é nomeado por decreto do Ministro da Economia Corporativa, sendo previamente designado pelo Instituto da Gestão e Finança e deverá ser escolhido entre os membros do conselho de administração da companhia ou entre outros elementos da mesma companhia ou de companhias pertencentes ao mesmo ramo de produção que ofereçam garantias especiais de reconhecidas capacidades técnicas ou administrativas. O cabeça da empresa tem as responsabilidades e os deveres nomeados pelo Art. 21 e seguintes, sendo os seus poderes determinados pelos estatutos de cada companhia.

Art.14. Conselho de administração.

O conselho de administração deverá ser presidido pelo cabeça da empresa e composto por representantes eleitos das várias categorias dos trabalhadores da empresa: operários, técnicos, trabalhadores de escritório e gestores, bem como um representante proposto pelo Instituto da Gestão e Finança e designado pelo ministro das Finanças. Os procedimentos da eleição e o número de membros do conselho devem ser estabelecidos pelos estatutos da empresa. Os membros do conselho não devem receber qualquer tipo de pagamento pela sua gestão, com excepção de subsídios para cobrir as suas despesas.

Art. 15. Poderes do conselho da empresa.

No que concerne aos poderes dos conselhos de administração das companhias propriedade do Estado, elas devem reger-se pelas normas inscritas no prévio Art. 7.

Art.16. Colégio sindical.

O colégio sindical das companhias propriedade do Estado deverá ser constituído por decreto do ministro da Economia Corporativa, de total acordo com o ministro das Finanças e por proposta do Instituto da Gestão e Finança, comissionado para estabelecer o pagamento dos administradores.

Art.17. Balanço dos livros e distribuição dos benefícios.

O balanço dos livros nas empresas propriedade do Estado e o projecto de distribuição de benefícios, o aumento e a redução de capital, bem como fusões, concentrações, escolha e liquidação de empresas propriedade do Estado, são para ser levados a cabo por proposta do Instituto das Empresas e do Crédito, tendo ouvido o conselho de administração das empresas interessadas, com aprovação prévia do ministro da Economia Corporativa e de acordo com o ministro das Finanças e os outros ministros interessados.

Secção III
Disposições comuns às secções prévias.

Art.18. Actas constitutivas e estatutárias das companhias propriedade do Estado.

As actas fundacionais e os estatutos das companhias propriedade do Estado, bem como as correspondentes modificações, são aprovadas por decreto do ministro da Economia Corporativa, de acordo com o ministro das Finanças.

Art.19. Estatutos e regulamentos das empresas de propriedade privada.

Começando em 30 de Junho de 1944, todas as companhias de capital privado devem proceder no sentido de adaptar os seus estatutos às normas inscritas no presente decreto. Os seus estatutos e regulamentos deverão ser submetidos dentro de trinta dias à homologação do tribunal territorial competente, o qual, tendo confirmado a sua regularidade e correspondência com o presente decreto e outras leis em vigor sobre o assunto, deverá ordenar a sua transcrição no [escritório de] registo de empresas.

Art.20. Modalidade de eleição dos representantes dos trabalhadores.

Os representantes dos trabalhadores chamados a tomar parte nos organismos das companhias socializadas, sejam estas propriedade do Estado ou de privados, são eleitos por voto secreto por todos os trabalhadores da companhia: operários, trabalhadores de escritório, técnicos e gestores. Os candidatos são promulgados através de listas feitas pelos sindicatos municipais do respectivo ramo, em número do dobro dos representantes a eleger e proporcionalmente às respectivas categorias da companhia.

Art.21. Responsabilidades dos cabeças de empresa.

O cabeça da empresa, seja esta propriedade do Estado ou privada, é pessoalmente responsável perante o Estado, pelo desenvolvimento da produção da empresa e pode ser substituído ou exonerado de acordo com os seguintes artigos e nos casos sancionados pela lei em vigor quando a sua actividade não cumpra com as exigências dos planos gerais de produção e as linhas orientadoras da política social do Estado.

Art.22. Substituição do cabeça de uma empresa propriedade do Estado.

Numa companhia propriedade do Estado, a substituição do cabeça da empresa é parte das atribuições do ministro da Economia Corporativa de pleno acordo com o ministro das Finanças, por ordem ou proposta do Instituto da Administração e do Crédito ou então do conselho de administração ou [do colégio] dos curadores, com oportuna confirmação prévia.

Art. 23. Substituição do cabeça da empresa numa companhia de capital privado.

Nas sociedades por acções, a substituição do cabeça da empresa é levada a cabo por deliberação da assembleia. Em todas as outras companhias de capital social, a substituição do cabeça da empresa regula-se pelos estatutos fundacionais ou regulamentos, embora possa também ser promovida pelo conselho de administração, através do mesmo procedimento inscrito no artigo 24 e seguintes respeitante às companhias privadas de capital individual. Está dentro do leque de poderes do ministro da Economia Corporativa proceder à substituição do cabeça da empresa sempre que este demonstre não possuir o sentido de responsabilidade ou falhe em cumprir com as funções designadas no Art. 21.

Art. 24. Substituição do cabeça da empresa de uma companhia de capital individual.

Nas companhias privadas de capital individual, o empresário, cabeça da empresa, só pode ser substituído através de um veredicto prévio da magistratura do Trabalho, organismo que tem poderes para apontar as responsabilidades. A declaração de responsabilidades pode ser provocada pelo conselho de administração da companhia, pelo Instituto da Administração e do Crédito (dado um interesse do último na companhia), ou pelo ministro da Economia Cooperativa, através de um requerimento oficial para o procurador do Estado do Tribunal de Recurso da zona.

Art. 25. Procedimentos da magistratura do Trabalho.

A magistratura do trabalho, tendo ouvido o empresário, o conselho de administração da companhia, ou o Instituto da Administração e do Crédito, e tendo apreciado o corpo probatório da prova, declara através de um veredicto a responsabilidade do empresário. Contra o veredicto é admissível um apelo, sancionado no Art. 426º do Código dos Procedimentos Civis.

Art.26. Sanções contra o cabeça da empresa.

Uma vez que o veredicto que declara a responsabilidade do empresário tenha sido entregue, o ministro da Economia Corporativa deverá tomar as medidas que julgue serem as mais convenientes no caso, confiando, se necessário, a administração da companhia a uma cooperativa formada pelos trabalhadores de tal companhia.

Art.27. Medidas preventivas.
Sempre que a aplicação dos artigos precedentes esteja ainda pendente, o ministro da Economia Corporativa pode suspender, por decreto, as actividades do empresário cabeça da empresa e nomear um comissário para gerir provisoriamente a companhia.

Art.28. Responsabilidades do conselho de administração.
Sempre que a gestão do conselho de administração, seja esta propriedade do Estado ou de capital privado, demonstre insuficiente sentido de responsabilidade no cumprimento das funções descritas para adaptar a actividade da companhia às exigências da política social e dos planos de produção da República, o ministro da Economia Corporativa, de pleno acordo com o ministro das Finanças, pode decidir, dada a evidência probatória, a dissolução do conselho e a nomeação de um comissário para gerir provisoriamente a companhia. A intervenção do ministro da Economia Corporativa poderá ser levada a cabo por sua própria iniciativa ou por pedido do Instituto da Administração e do Crédito, do cabeça da empresa, da assembleia, ou dos representantes do sindicato.

Art.29. Sanções penais.
Ao cabeça da empresa e aos membros do seu conselho de administração, seja esta propriedade do Estado ou privada, podem ser aplicadas as sanções inscritas nas leis que dizem respeito aos empresários, sócios e administradores de sociedades comerciais.

(Título II)
Secção IV
Responsabilidades do cabeça da empresa e administrador.

Art.30. Transferência da companhia para a propriedade do Estado.
A propriedade das companhias pensadas para serem incluídas nos sectores básicos necessários para a independência política e

económica do país, bem como aquelas que fornecem matérias-primas, energia e serviços indispensáveis ao normal desenvolvimento da vida social, pode ser assumida pelo Estado de acordo com o presente acordo normativo. Sempre que a companhia seja considerada como tendo várias actividades produtivas, o Estado pode assumir apenas uma parte da propriedade de tal companhia. Além do mais, o Estado pode participar em companhias de capital privado.

Art.31. Procedimentos para a transferência de uma companhia para a propriedade do Estado.
Aquelas companhias que eventualmente são para ser transferidas para a propriedade do Estado devem ser nomeadas por um decreto do chefe de Estado, tendo ouvido o Conselho de Ministros, por proposta do ministro da Economia Corporativa, de pleno acordo com o ministro das Finanças.

Art.32. Jurisdição dos Sindicatos, nomeação dos chefes dos sindicatos e dos comissários do governo.
Por força da promulgação do artigo prévio do decreto e dos decretos que se seguirão, as companhias que estão para ser transferidas para a propriedade do Estado devem estar sob o âmbito dos sindicatos de acordo com o procedimento inscrito na lei 1100 de 17 de Julho de 1942. A gestão provisória da companhia pode ser confiada a um dos seus administradores agindo como comissário do governo.

Art.33. Anulação das matérias que modificam os títulos de propriedade do capital.
São considerados nulos todos os negócios entre partes privadas que, em qualquer caso, modifiquem a relação de propriedade no que diz respeito aos títulos de propriedade dos accionistas, que constituem o capital das companhias nomeadas para serem transferidas para a propriedade do Estado, a partir da data de entrada em vigor das disposições que decidem a transferência de

propriedade.

Art.34. Administração do capital das companhias propriedade do Estado.
O capital das companhias que forem transferidas para a propriedade do Estado será administrado pelo Instituto da Administração e do Crédito, entidade pública, com a sua própria personalidade jurídica. A constituição do Instituto e a aprovação do correspondente estatuto serão levadas a cabo por disposições separadas.

Art.35. Tarefa do Instituto da Administração e do Crédito.
O Instituto da Administração e do Crédito controla as actividades da companhia inscritas no Art. 30º, de acordo com as linhas orientadoras do ministro da Economia Corporativa e, para além disso, gere os interesses do Estado nas companhias privadas.

Art.36. Transformação do capital social.
O capital social já investido em companhias que serão transferidas para a propriedade do Estado é substituído por créditos sociais emitidos pelo Instituto da Administração e do Crédito de acordo com os artigos seguintes.

Art.37. Transferência do valor do capital social.
A substituição do capital social, já investido numa companhia que será transferida para a propriedade do Estado, por títulos do Instituto da Administração e do Crédito será levada a cabo considerando a quantia total do valor real do já mencionado capital.

Art.38. Determinação do valor do capital social.
Sempre que exista um desacordo com os administradores da companhia o valor real do capital social das companhias que serão transferidas para a propriedade do Estado deverá ser determinado por um decreto do ministro da Economia Corporativa, por proposta do Instituto da Administração e do Crédito. Este decreto do ministro

da Economia Corporativa pode ser objecto de um apelo, no prazo de 60 dias após a sua publicação para o conselho de Estado, quer pelos administradores da companhia ou por um número de sócios que represente pelo menos a 10ª parte do capital social.

Art.39. Características dos títulos do Instituto da Administração e do Crédito.

Os títulos do Instituto da Administração e do Crédito são nominativos, negociáveis e transferíveis e de rendimentos variáveis. Eles são emitidos em séries distintas correspondentes aos vários sectores de produção. O rendimento de cada uma destas séries deverá ser determinado anualmente pelo Comité Ministerial de Protecção às Poupanças e ao Crédito, por proposta do Instituto da Administração e do Crédito tendo em consideração o desenvolvimento dos correspondentes sectores produtivos.

Art.40. Limitações à negociabilidade dos títulos.

A limitação da negociabilidade dos títulos do Instituto da Administração e do Crédito, emitidos em substituição do capital subscrito pelos accionistas, e a inscrição nos livros do Instituto de Crédito dos proprietários de tais títulos, sem a sua consignação material, são por este meio delegados ao Comité Ministerial de Protecção das Poupanças e do Crédito.

Art.41. Modalidades de transferência para a propriedade do Estado.

No decreto que estipula a transferência para a propriedade do Estado são estabelecidas as normas executivas, a modalidade e os termos necessários e oportunos para a transferência de capital para o Estado e para a designação e distribuição dos títulos do Instituto da Administração e do Crédito àqueles que a eles têm direito.

Título VIII
Acções e capital

Art.42. Atribuição dos rendimentos.
Os rendimentos líquidos da companhia dependem do balanço dos livros resultante da aplicação das normas do Código Civil e são baseados numa contabilidade administrativa que pode vir a ser unificada através de disposição legal oportuna.

Art.43. Rendimentos do capital.
Depois das consignações legais para a reserva e uma vez que tenham sido estabelecidas as eventuais reservas especiais a favor dos estatutos e regulamentos em vigor, uma remuneração deverá ser concedida ao capital investido da companhia numa quantia máxima estabelecida pelos sectores produtivos do Comité Ministerial de Protecção às Poupanças e ao Crédito.

Art.44. Atribuição de rendimentos aos trabalhadores.
Os rendimentos remanescentes, uma vez efectuadas as atribuições referidas no artigo prévio, deverão ser distribuídos entre os trabalhadores: operários, trabalhadores de escritório, técnicos e gestores. Esta atribuição deverá ter lugar tendo em conta as remunerações que cada um deles recebe num ano. Pesando todos os factores, a quantia distribuída não pode exceder, em qualquer dos casos, trinta por cento do total líquido do salário anual dos trabalhadores correspondente ao exercício [contabilístico]. O excedente deverá ser destinado a um Banco de Poupança administrado pelo Instituto da Administração e do Crédito, e destinado a objectivos sociais e produtivos. Numa disposição à parte, o ministro da Economia Corporativa, em pleno acordo com o ministro das Finanças, deverá aprovar o regulamento de tal Banco de Poupanças.

Art.45. Co-participação nos rendimentos.
Nas companhias de capital individual, a parte dos rendimentos

atribuídos em benefício dos trabalhadores, deve ser proporcional a uma dada percentagem dos rendimentos compreendidos na base de tributação dos bens móveis[66].

Este decreto, que deverá ser publicado na "Gazeta Oficial da República Social Italiana" e inscrito, com o correspondente selo do Estado, na colecção oficial de leis e decretos, deverá entrar em vigor no dia designado pelo decreto correspondente do *Duce* da República Social Italiana.

---

[66] Nota do tradutor: Neste caso o imposto de exploração.

VIII

Os trabalhadores e a Socialização

A reforma social do Estado foi seguida de perto e ligada à reforma sindical. O decreto número 853 que criou a Confederação Geral (ou única) do Trabalho, Técnica e Artes era datado de 20 de Dezembro de 1943, e foi complementado por um decreto ministerial de 1 de Março de 1944. A transferência da antiga para uma nova situação sindical foi motivo para uma intensa actividade legislativa. A nova ordem sindical foi definitivamente estabelecida pelo decreto número 3 de 18 de Janeiro de 1945.

A reacção à reforma mussoliniana foi imediata. Em muitas fábricas ordens do dia foram votadas, reuniões tiveram lugar e moções foram aprovadas.

Os representantes das fábricas de papel Burgo, reunidos em Milão, *"reconheceram na Socialização uma fase decisiva da revolução proletária a qual, depois de ter sido combatida por mais de um século pelo capitalismo cego, belicista e fomentador do ódio de classes, emerge hoje na República Social Italiana, no momento mais doloroso da História, para alcançar e assegurar o renascer da Nação"*.

Em Turim, as comissões internas da Fiat levantam-se contra as tentativas de sabotagem dos elementos da CLN, publicando, por sua vez, outro apelo: *"deverá ser considerada uma fraude, para a desvantagem dos trabalhadores da Fiat, o esquema empreendido contra a lei mais revolucionária que foi promulgada em nome dos trabalhadores: a Lei da Socialização... a Socialização tem apenas um inimigo: o capitalismo. E aqueles que se opõem a ela são inspirados, pagos e guiados pelos poderes ocultos do capitalismo. Pela primeira vez na História da vida social, os trabalhadores encontram-se como mestres absolutos do seu próprio destino. E eles não estão dispostos a desperdiçar esta ocasião apenas porque o capitalismo não gosta."*

Ainda em 10 de Abril de 1945 (devemos ter em atenção a data), os representantes das comissões fabris de Milão, no fim de um encontro na Casa dos Trabalhadores, *"convidam o governo da República Social Italiana a actuar com energia inflexível contra os cabeças daquelas companhias que não apresentaram os estatutos no devido tempo, comprometendo-se eles mesmos a desenvolver uma efectiva campanha de controlo e propaganda, chamando ao cumprimento do dever da presente hora todos os trabalhadores das restantes províncias italianas, de modo a alcançar a plena realização dos princípios da Socialização, em nome do Trabalho".*

Mais tarde, Mussolini incluirá na já mencionada "Corrispondenza" algumas das mais características manifestações do seu pensamento em assuntos sociais de 1919 em diante: *"Consequentemente, é absolutamente inútil que os italianos de memória curta adoptem a atitude do que cai das nuvens e é varrido pela mais autêntica das surpresas no que respeita à disposição fundamental da Socialização".* Mais adiante na mesma "Corrispondenza", Mussolini declarou que *"o fascismo não renega as suas origens com 20 anos, mas remite-se à sua mais genuína essência, eliminando os obstáculos externos à realização dos seus mais altos objectivos sociais"* e termina dizendo que *"é de facto um novo marco que é deixado para trás, mas um que nós não renegamos, de um caminho no qual nós temos tenazmente caminhado..."*

IX

Discurso à Divisão "Resega"

Este discurso foi pronunciado por Mussolini a 14 de Outubro de 1944 diante de um grupo de veteranos fascistas milaneses e de oficiais da Brigada Negra "Resega", que adoptou o nome de Aldo Resega, governador do Partido Republicano Fascista em Milão, assassinado em 18 de Dezembro de 1943. Foi neste discurso que Mussolini lançou o slogan nortenho: "Itália-República-Socialização":

... No encontro de Verona, o Partido Fascista Republicano estabeleceu as suas linhas de orientação. Se as vicissitudes da guerra atrasaram a aplicação de algumas daquelas, isso não significa que elas tenham sido alteradas. Elas estão ainda em vigor. Nos momentos de alta tensão moral e política, é necessário que os *slogans* sejam poucos e extremamente claros.

Contudo, ainda há aqueles que nos perguntam: "o que querem vocês?"; nós respondemos com três palavras que sumarizam todo o nosso programa.

Aqui estão elas: Itália, República, Socialização.

Para nós, inimigos do patriotismo abstracto, calculista e circunstancial, e por causa disso inclinado para o compromisso e até para a deserção, Itália significa honra, e honra significa fé na promessa feita – título de reputação indispensável quer para o indivíduo quer para os povos; e fé na promessa feita significa colaboração com o aliado, quer no trabalho quer no combate.

Tenham presente – e a História confirma-o – que os traidores, na política ou na guerra, são usados, mas também desprezados.

E precisamente neste momento, quando a Alemanha se empenha numa luta suprema e 80 milhões de alemães se converteram em 80 milhões de soldados, empenhados num esforço de resistência sobrehumano; é precisamente neste momento que os inimigos antecipam – a meio caminho entre a esperança e a ilusão – uma vitória que eles nunca alcançarão, porque a Alemanha nunca capitulará, porque para a Alemanha capitular seria o mesmo que "morrer" política, moral e fisicamente; é neste momento que nós reafirmamos a nossa completa e total solidariedade com a Alemanha nacional-socialista que é a Alemanha que luta com uma coragem e um valor que podemos denominar "Romanos" e que lhes trouxe um reconhecimento admirado inclusivamente daqueles inimigos que ainda não cegaram completamente ou foram transformados em brutos pelo ódio.

Tudo isto é claro para todos. E é, por sua vez, o indeclinável objecto da República Italiana. A série de traições na qual os Sabóias, de Carlos Alberto a Vittorio Emanuele II, se desqualificaram, terminou com o derrube da monarquia. A nossa Itália é republicana. Para Norte dos Apeninos temos a República Social Italiana. Esta República deverá ser defendida centímetro a centímetro até à sua última província, até à sua última aldeia, até à sua última quinta. Quaisquer que possam ser as vicissitudes da guerra no nosso território, a ideia da República fundada pelo fascismo já entrou para sempre no espírito e nos costumes do povo. A terceira palavra do programa, Socialização, não é mais do que a consequência das duas primeiras: Itália e República. Socialização não é mais do que a implantação de um socialismo italiano, humano, nosso e possível; e eu digo "nosso", na medida em que faz do trabalho o único motivo da economia, recusando as alavancagens mecânicas como inexistentes na Natureza e impossíveis na História.

Todos aqueles cuja alma está limpa de preconceitos e de sectarismos sediciosos podem reconhecer-se no trinómio: Itália, República, Socialização. Com isto tencionamos convocar para a cena política os melhores elementos do nosso povo trabalhador.

A capitulação de Setembro significa a vergonhosa liquidação da burguesia globalmente considerada como classe dirigente. O espectáculo oferecido por esta última tem sido escandaloso. Houve casos incríveis de abjecção, sórdidas demonstrações de egoísmo repudiando como se sem valor os valores mais latos sociais e nacionais.

Como sempre, aqueles que subordinaram os seus sentimentos e opiniões ao desenvolvimento da guerra, são apenas merecedores de pena, e nalguns casos de desprezo. O estado de espírito de muitas pessoas, de todas as condições sociais, dispensa o exame positivo do estado das coisas, o qual, pela sua complexidade e universalidade, não pode ser julgado em consequência de sentimentos momentâneos provocados pela absorvente propaganda inimiga.

Não só a Alemanha nunca capitulará, porque não pode capitular, dado que os inimigos estão determinados a aniquilá-la quer enquanto Estado quer racialmente, mas também porque ela ainda tem muitas flechas no seu arco, além daquilo a que podemos chamar *a decisão unânime e a vontade de ferro do seu povo.*

Os inimigos não escondem que estão com pressa. Estamos conscientes das nossas dores, tantas como são, mas existe alguém tão candidamente ingénuo que acredite que em Inglaterra, na Rússia ou nos Estados Unidos tudo corre da melhor maneira possível? Devemos acreditar que na Inglaterra não existe um considerável grupo numeroso de pessoas inteligentes que se perguntam se vale a pena envolver-se numa batalha contra o chamado imperialismo alemão, perdendo centenas de milhar de homens, bem como todas as suas possessões no Extremo-Oriente, para consolidar um imperialismo eslavo que já aperta com o seu punho toda a Europa do Vístula ao Báltico e – não é um detalhe lisonjeiro para Londres – ao Mediterrâneo? Devemos acreditar que não ouvimos já vozes proclamando que a absurda e arrogante fórmula de Casablanca "de rendição incondicional" seja revista para não provocar o sacrifício ulterior da vida de milhões? A maior carnificina de todos os tempos tem um nome: democracia, palavra que esconde a voracidade do capitalista sionista que quer levar a cabo a exploração científica do mundo através da ruína da humanidade e da catástrofe da civilização.

Portanto o reconhecimento interior desta verdade significa perceber que, num dado momento, os acontecimentos deverão tomar outro curso e que o desenvolvimento futuro da guerra – no qual a ciência deverá desempenhar o papel principal – deverá afogar todas as previsões de vitória do inimigo. Nesta fase da guerra declaramos que temos de: eliminar todos os cúmplices do inimigo no meio de nós e chamar às nossas fileiras todos os italianos que aceitem o trinómio do nosso programa.

Aconteça o que acontecer, não modificaremos nem sequer uma única linha do programa que hoje, dirigindo-me a vós, camaradas das Brigadas Negras – expressão e honra do primitivo Fascio – eu quis esboçar.

Sob a protecção de baionetas mercenárias e estrangeiras, os homens da rendição incondicional, que é como quem diz, infames e cobardes, lutam em vão na sua perseguição dos fascistas e do fascismo. Dele não conseguem nada além de darem testemunho da sua inquebrável continuidade. Os seus partidos são artificialmente baseados num vínculo meramente negativo: a perseguição radical e iconoclasta do fascismo.

A atitude deles é devido à confirmação de que o alegado cadáver está não obstante ainda vivo; que ainda permanece no ar que eles respiram, em tudo aquilo em que eles tropeçam a cada passo, nas marcas indeléveis quer materiais quer espirituais que o fascismo tem deixado por toda a parte. Nenhuma força humana pode apagar da História aquilo que já passou à História como uma realidade e uma fé.

Já desde há vinte anos, na paz e na guerra, em Itália, na Europa e em África, dezenas de milhares de fascistas têm caído, a flor da raça italiana, ao lado das suas bandeiras negras. Expressão heróica do fascismo, eles constituem o seu testemunho imortal e a sua salvaguarda.

Entrego aos camaradas milaneses, juntamente com a minha saudação, o eco da minha certeza na conclusão vitoriosa para a Itália e para a Europa deste colossal choque civilizacional, que dá pelo nome de Fascismo.

X

O discurso do Teatro Lírico

O discurso do Teatro Lírico de Milão (16 de Dezembro de 1944) é o mais importante discurso político de todos os que Mussolini deu depois do seu regresso ao governo. Os próprios ministros e as restantes autoridades alemãs e italianas não souberam dele até ao último momento. As boas-vindas que Milão deu ao Duce foram uma lembrança de tempos passados, o próprio Duce não pôde evitar ficar comovido por elas. O discurso teve um amplo eco, e deu lugar a muitos comentários, inclusivamente em países inimigos. Aqui fica o texto integral do discurso que foi intitulado "O discurso do Lírico".

Camaradas, caros camaradas milaneses: Sem qualquer espécie de preâmbulo e sem mais demora vou directo ao tema principal do meu discurso.

Após dezasseis meses da imposta e aceite data de rendição, de acordo com a fórmula democrática e criminal de Casablanca, a importância dos acontecimentos coloca-nos, mais uma vez, diante desta questão: quem traiu? Quem sofreu de uma forma imediata as consequências da traição? Vou ser claro sobre isto: Eu não tenciono julgar em matérias de revisionismo histórico, nem, ainda menos, tenciono justificar-me.

Eu tenho sido acusado, por um certo jornal neutral, mas recuso-o da forma mais categórica, quer no que respeita ao seu conteúdo bem como à própria fonte do qual ele se origina.

Quem traiu? A rendição anunciada a 8 de Setembro de 1943 foi desejada pela monarquia, pelas comitivas judiciais, pelos círculos plutocráticos da burguesia italiana, por poderes clericais bem determinados ocasionalmente unidos àqueles da maçonaria, pelo quartel-general que já não acreditava na vitória e que se reuniu em torno de Badoglio. Em Maio de 1943, precisamente a 15, o antigo rei anotou no seu diário – que recentemente chegou às nossas mãos – que ele necessitava, mais do que nunca, de "se ver livre" da aliança com a Alemanha. A rendição foi ordenada pelo antigo rei, sem sombra de dúvida; o seu executante foi Badoglio.

Mas para chegarmos ao 8 de Setembro, é necessário ter experienciado previamente o 25 de Julho, que é como quem diz, levar a cabo o golpe de Estado e a mudança de regime.

A justificação da rendição, nomeadamente a impossibilidade de continuar mais além a guerra, foi desmascarada quarenta dias mais tarde, a 13 de Outubro, com a declaração de guerra à Alemanha, declaração que não foi meramente simbólica, dado que a partir desse ponto foi iniciada uma colaboração – mesmo que apenas na retaguarda e em actividades de trabalho – entre a Itália badogliana e os Aliados; já para não mencionar que a frota, totalmente construída pelo fascismo, trocou de lado em bloco de modo a começar a operar imediatamente com as frotas inimigas. A paz não estava em mente todavia, mas, através da co-beligerância mencionada acima, a continuação da guerra; a paz não estava em mente, todo o território da Nação foi convertido num imenso campo de batalha, que é como quem diz num imenso campo de ruínas; a paz não estava em mente, pelo contrário barcos italianos e tropas italianos deviam supostamente participar na guerra contra o Japão.

Portanto, quem sofreu mais como consequência da traição foi principalmente o povo italiano.

Podemos dizer que no que concerne às relações com o aliado alemão, o povo italiano não cometeu traição. Com excepção de uns poucos casos, as secções do exército dissolveram-se sem resistir às ordens de desarmamento das autoridades alemãs. Importantes contingentes do Exército, implantados fora do território metropolitano, e inclusivamente a própria aviação, imediatamente se puderam ao lado das forças alemãs – e deve ter-se em mente que estamos a falar de dezenas de milhar de homens -; todas as formações da Milícia – com excepção de um batalhão corso – permaneceram ao lado dos alemães até ao último momento.

O chamado plano P.44 que deverá ser referido no iminente processo dos generais e que previa o colapso da frente tal como foi preparado pelo rei e Badoglio, não foi levado a cabo pelos oficiais comandantes, e isto está provado no processo que foi movido, na Itália de Bonomi, contra um grupo de generais que não seguiram as ordens de tal plano. O mesmo fizeram os comandantes do exército destacados fora das fronteiras.

Se tais comandantes evitaram o pior, isto é, a infâmia extrema que teria resultado de apunhalar pelas costas aquele, que por três anos, tinha sido o seu aliado, a sua conduta do ponto de vista nacional tem sido desastrosa: obedecendo à voz da consciência e da honra, deveriam ter trocado de lado, com todos os seus pertences. Deste modo poderiam ter mantido as nossas posições territoriais e políticas; a nossa bandeira não deveria ter sido arriada em terras onde tanto sangue italiano tem sido derramado; as forças armadas teriam conservado a sua constituição orgânica; poderia ter sido evitado que centenas de milhar de soldados fossem internados à força [em campos de concentração alemães], assim evitando os seus grandes sofrimentos, acima de tudo morais; o nosso aliado não teria sido sobrecarregado com a imposição de novos e inesperados problemas militares que deveriam influenciar o desenvolvimento estratégico da guerra.

Estas são as responsabilidades específicas do povo italiano.

Além do mais, deve reconhecer-se que as traições do Verão de 1944 deram lugar a exibições ainda mais vergonhosas, uma vez que os romenos, búlgaros e finlandeses, depois de terem ignominiosamente capitulado, especialmente os búlgaros, sem terem disparado uma única bala de carabina, desmantelaram a frente no espaço de 24 horas e atacaram, com todas as forças mobilizadas, as unidades alemãs, assim convertendo a sua retirada numa difícil e sangrenta operação.

Neste caso, a traição atingiu a perfeição no mais repugnante sentido da palavra.

O povo italiano é, contudo, aquele que interveio menos e que sofreu a um ponto que não tenho dúvidas em classificar como sobrehumano. Não é suficiente. Tenho de acrescentar que enquanto uma parte do povo italiano aceitou – por inconsciência ou cansaço – a rendição, a outra parte tomou o lado da Alemanha.

É tempo de dizer aos italianos, aos camaradas alemães e aos camaradas japoneses, que a contribuição feita pela República Italiana para a causa comum de Setembro de 1943 em diante – apesar da redução circunstancial do território da República – é muito mais importante do que comummente se acredita.

Eu não posso, por razões evidentes, ir ao ponto de detalhar os dados de tal contribuição, complexa até ao máximo grau – tanto do ponto de vista económico como militar -, feita pela Itália. A nossa colaboração com o *Reich* em soldados e operários pode ser representada por este número: 786000 homens, de acordo com dados reunidos até 30 de Setembro. Este é um dado indiscutível, dado que procede de fonte alemã. Além do mais, deve acrescentar-se o número de antigos internados militares, que representa centenas de milhar de homens imersos no desenvolvimento da produção alemã, tal como outras dezenas de milhar de italianos que já estavam no *Reich* como trabalhadores livres nas fábricas e nos campos.

Dados estes factos, os italianos que vivem no território da República Social têm o direito de levantar as suas cabeças e exigir que o seu esforço seja igualmente avaliado por todos os componentes do Pacto Tripartido.

Ouvimos, as declarações de Eden de ontem sobre as baixas que a Grã-Bretanha sofreu na defesa da Grécia. Durante três anos a Itália tem infligido pesados danos aos britânicos e, acima de tudo, suportou enormes sacrifícios tanto em bens como em sangue.

Não é suficiente.

Em 1945 a participação da Itália na guerra deverá alcançar um maior desenvolvimento através do reforço progressivo das nossas organizações militares, confiadas à fé e à experiência provada desse soldado que detém a patente de marechal-de-campo da Itália, Rodolfo Graziani.

Durante o turbulento período de transição do Outono para o Inverno de 1943, emergiram grupos militares mais ou menos autónomos em torno de homens que, com o seu passado e o seu prestígio, souberam como recrutar os núcleos de primeiros combatentes. Foi o tempo da inscrição individual de batalhões, de regimentos e de especialistas. Os velhos comandantes soaram o clarim. Foi uma excelente iniciativa, acima de tudo de um ponto de vista moral. Mas a guerra moderna exige unidade, e caminhamos na sua direcção.

Atrevo-me a dizer que os italianos, quaisquer que sejam os seus pensamentos, deverão sentir-se felizes no dia em que todas as forças armadas da República se integrem num único organismo, e uma única força de polícia deverá ser constituída e que ambos, articulados de acordo com a sua respectiva função, possam viver intimamente identificados com o clima e o espírito do fascismo e da República, dado que numa guerra como esta, que assumiu uma feição de guerra "política", o espírito apolítico não tem significado, e por todos os meios, é completamente ultrapassado.

Uma coisa é a "política", que é como quem diz a adesão convencida e fanática à ideia pela qual se luta, outra é a actividade do soldado político, que constrangido por ordens e pelo cumprimento do seu dever, nem sequer tem tempo suficiente para explicar, dado que a sua política deve ser restringida à sua prontidão para combater e para dar o exemplo em qualquer situação, quer na paz quer na guerra.

A 15 de Setembro o Partido Nacional Fascista foi convertido no Partido Fascista Republicano. Não houve então falta de elementos que oportunisticamente motivados ou talvez num estado de confusão mental colocaram a questão se não teria sido mais estratégico eliminar a palavra "Fascista" para substituí-la pela de "República". Eu recusei então, como recusaria hoje, esta inútil e vil sugestão.

Teria sido um erro e uma vileza arriar a nossa bandeira, consagrada com tanto sangue, para portanto quase tornar clandestinas aquelas ideias que hoje em dia constituem a palavra de ordem em todas as batalhas no continente. Sendo nada mais do que a formalidade de uma bandeira de conveniência, nós teríamos perdido a face diante dos nossos adversários e, acima de tudo, diante de nós próprios.

Nomeando-nos mais uma vez, como sempre, como fascistas e consagrando-nos à causa do fascismo tal como fizemos de 1919 até hoje, e como continuaremos a fazer amanhã, depois dos eventos ocorridos queríamos dar um novo impulso e passar à acção quer no campo político, bem como no campo social.

Em verdade, mais do que um novo impulso, devemos dizer mais precisamente: um regresso às posições originais.

É um facto histórico que o fascismo foi, até 1922, tendencialmente republicano, e os motivos pelos quais a insurreição de 1922 respeitou a monarquia são óbvios.

De um ponto de vista social, o programa Fascista Republicano não é mais do que a continuação lógica dos anos esplêndidos entre a Carta do Trabalho e a conquista do Império. A Natureza não se desenvolve aos saltos, nem a economia.

Necessitávamos de estabelecer a base, com leis sindicais e organismos corporativos, para preparar a fase ulterior da Socialização. Já desde o primeiro encontro do Conselho de Ministros em 27 de Setembro de 1943, declarei que "a República devia ser unitária no campo político e descentralizada no campo administrativo, bem como ter uma continência social mais elevada com o propósito de resolver a questão social ao menos nos seus aspectos mais importantes, tal como estabelecer o lugar, a função e a responsabilidade do trabalho numa sociedade nacional verdadeiramente moderna".

No mesmo encontro, dei os primeiros passos em direcção à mais ampla concordância nacional possível, anunciando que o governo não adoptaria medidas rigorosas contra os elementos antifascistas.

Durante o mês de Outubro, elaborei e revi o que na história política italiana é nomeado como o "Manifesto de Verona", o qual estabeleceu nalguns pontos suficientemente explícitos o programa não apenas do partido, mas da República. Isto teve lugar exactamente a 4 de Novembro, dois meses depois da constituição do Partido Fascista Republicano. No manifesto da assembleia nacional do PFR, depois de pagar tributo à memória dos Caídos pela causa fascista e reafirmar como exigência suprema a continuação da luta ao lado das potências Tripartidas e a reorganização das forças armadas, foram estabelecidos os 18 pontos do programa. Vejamos o que foi feito, o que não foi feito, e, acima de tudo, porque não foi feito.

O "Manifesto" começava por exigir a convocação de uma Assembleia Constitutiva, especificando os membros que deviam compô-la, para que fosse – como mencionado – "a síntese de todos os valores da Nação".

Bem, a Assembleia Constitutiva nunca foi convocada. Esta linha de orientação ainda não foi cumprida. Nem pode ser alcançada antes do fim da guerra. Quero dizer-vos claramente que tenho pensado ser supérfluo convocar uma Assembleia Constitutiva enquanto o território da República não possa ser considerado de qualquer modo definitivo, devido ao desenvolvimento das operações militares. Eu julgo prematura a criação de um verdadeiro Estado de direito na plenitude das suas instituições enquanto não possuirmos as forças armadas capazes de sustentá-lo. Um Estado que não dispõe de forças armadas é tudo menos um Estado.

O "Manifesto" afirmava que nenhum cidadão podia ser detido por mais de sete dias sem uma ordem do tribunal. Isto não tem sido sempre o caso. As causas têm de ser procuradas na pluralidade dos organismos de polícia, quer nossas quer dos nossos aliados, e na actividade dos "fora-da-lei" que transformaram estes problemas numa guerra civil feita de represálias e contra-represálias. O antifascismo iniciou a especulação em torno de tais episódios, exagerando e generalizando-os.

Tenho de declarar da forma mais explícita que tais métodos enojam-me profundamente, mesmo de uma forma episódica. O Estado, como tal, não pode adoptar métodos que o degradem. Desde há séculos, fala-se na lei de Talião. Bem, trata-se de uma lei, não de um acto arbitrário, ainda menos, pessoal.

Mazzini – o apóstolo inflexível da ideia republicana – enviou, na alvorada da República Romana em 1849, um comissário para Ancona para ensinar os jacobinos que era lícito lutar contra os papistas; mas não matá-los à margem da lei ou requisitar – como diríamos hoje – as pratas das suas casas. Se alguém o fizesse, na posse do cartão de membro do partido, seria duas vezes um criminoso.

Nenhuma severidade é demasiado excessiva, se queremos que o partido – tal como se pode ler no "Manifesto de Verona" – seja verdadeiramente uma frente de combatentes e de crentes, um organismo de absoluta pureza política, um depositário digno da ideia revolucionária. Uma alta personificação deste tipo de fascismo foi o camarada Resega, quem lembramos hoje com profunda emoção por ocasião do primeiro aniversário da sua morte, causada por mão inimiga.

Sendo assim, através da Constituição das Brigadas Negras, o partido está a ser convertido numa "frente de combatentes", as linhas orientadoras de Verona têm o carácter de um compromisso dogmático e sagrado. No seu artigo 5º, no qual foi estabelecido que por nenhum compromisso ou influência deveria a insígnia do partido ser comprometida, o problema que eu deverei nomear como a cooperação de outros elementos na medida em que diz respeito à República, foi resolvido. No meu telegrama XXII, datado de 10 de Março, para os líderes provinciais, tal fórmula seria apresentada de forma mais detalhada. A partir daí toda a discussão sobre a matéria da pluralidade do partido é anacrónica.

Historicamente – nas várias formas que a República assumiu entre povos diferentes – há muitas repúblicas de tipo totalitário, e portanto de partido único. Não deverei citar a mais totalitária de entre elas, a dos sovietes, mas devo lembrar uma que desfruta do afecto dos sumo-sacerdotes do evangelho democrático: a República Turca, apoiada por um único partido – o Partido Popular Republicano – e uma única organização de juventude – as Casas do Povo.

Num dado momento da evolução histórica de Itália, a presença de outros grupos, que, tal como estabelecido no "Manifesto de Verona", exercem o direito de verificação e de responsabilidade crítica sobre os actos da administração pública, pode ter resultados fecundos, fora do partido, o único responsável pela direcção global do Estado. Grupos que, dada a sua aceitação leal, integral e sem reservas do trinómio Itália, República, Socialização, têm a responsabilidade de examinar as linhas de orientação do governo e das entidades locais, de examinar os métodos de aplicação das ordens e as pessoas que exercem cargos públicos que, como tal, devem ser responsabilizados pelas suas acções diante do cidadão na sua qualidade de soldado/trabalhador/contribuinte.

A assembleia de Verona estabeleceu no Art. 8º as linhas de orientação da sua política externa. Foi simplesmente afirmado que o objectivo essencial da política externa da República é "a unidade, a independência e a integridade territorial da Pátria nos seus limites marítimos e alpinos designados pela Natureza, pelo sacrifício de sangue e pela História".

Quanto à unidade territorial eu recuso – conhecendo a Sicília e os irmãos sicilianos – levar a sério as chamadas tentativas separatistas dos desprezáveis mercenários do inimigo. Pode bem ser que este separatismo tenha outra razão: que os irmãos da Sicília queiram separar-se da Itália de Bonomi para se tornarem a juntar à República Italiana.

Estou profundamente convencido de que – apesar de todas as lutas e uma vez liquidado o fenómeno criminal dos fora-da-lei – a unidade moral dos italianos de amanhã será infinitamente mais forte do que aquela dos de ontem, dado que ela deverá ser cimentada sobre sofrimentos excepcionais que não pouparam uma única família. E quando, através da unidade moral, a alma de um povo é salvaguardada, também se salvaguarda a sua integridade territorial e independência política.

Neste ponto, algumas palavras acerca da Europa impõem-se. Eu não quero deter-me a perguntar o que é a Europa, onde começa e onde acaba de um ponto de vista geográfico, histórico, moral e económico; nem me pergunto, hoje, se uma tentativa de unificação poderá conhecer um resultado melhor do que as tentativas prévias. Isso levar-me-ia demasiado longe. Eu limito-me a dizer que a constituição de uma comunidade europeia é desejável e inclusivamente possível, mas tenho de declarar da forma mais explícita que não nos sentimos italianos porque somos europeus, mas que nos sentimos europeus porque somos italianos. Esta não é uma distinção subtil mas fundamental. Sendo que a Nação é o resultado de milhões de famílias que têm uma fisionomia própria e que possuem um denominador nacional comum, cada Nação deveria juntar-se à comunidade europeia como uma entidade bem definida, para impedir que a comunidade se afundasse no socialismo internacionalista ou vegetasse no genérico e equívoco cosmopolitismo com um cunho judaico e maçónico.

Enquanto tais pontos do "Manifesto de Verona" foram postos de lado por uma sucessão de acontecimentos militares, no campo económico-social realizações mais concretas foram levadas a cabo.

Neste aspecto, as inovações adquirem um carácter radical. Exactas na "premissa da nova estrutura económica da Nação" a sua aplicação prática pode ser encontrada na lei da Socialização. O interesse que ela levantou no mundo foi verdadeiramente grande e hoje, por toda a parte, incluindo na Itália, dominada e torturada pelos anglo-americanos, todos os programas políticos contêm as linhas de orientação da Socialização.

Os trabalhadores, mais ou menos cépticos a princípio, acabaram por compreender a sua importância. A sua efectiva realização está em marcha. Noutros tempos, o seu ritmo teria sido mais rápido. Mas, agora, a semente foi lançada. Não importa o que possa ocorrer, esta semente está destinada a germinar. É o princípio que inaugura o que eu predisse há oito anos, aqui, em Milão, diante de 150000 pessoas que me aclamavam, o "século do trabalho" no qual o trabalhador se eleva da sua condição económico-moral de assalariado para assumir uma condição de produtor, uma parte directamente interessada no desenvolvimento da economia e no bem-estar da Nação.

A Socialização Fascista é a solução lógica e racional, que evita a burocratização da economia através de um totalitarismo estatal de um lado ultrapassando, pelo outro, o individualismo da economia liberal, que foi um eficaz instrumento de progresso nos princípios da economia capitalista, mas que hoje não pode ser considerado uma solução de acordo com as exigências do carácter social da comunidade nacional.

Através da Socialização os melhores elementos das classes trabalhadoras deverão provar o seu valor.

Estou decidido a prosseguir nesta direcção.

Confiei dois sectores às classes trabalhadoras: a administração local e o abastecimento. Estes sectores, da maior importância nas circunstâncias actuais, já estão nas mãos dos trabalhadores. Estes têm de demonstrar, e eu espero que eles o façam, a sua preparação específica e consciência cívica.

Como podeis ver, alcançámos deveras algo durante estes doze meses, no meio de crescentes e incríveis dificuldades, devido às circunstâncias objectivas da guerra e à estúpida oposição de elementos vendidos ao inimigo, bem como à extrema apatia moral na qual os acontecimentos passados mergulharam muitos sectores do povo.

Nestes últimos tempos a situação tem melhorado. Os oportunistas, aqueles que estavam à espera dos anglo-americanos, são menos a cada dia que passa. Os acontecimentos que estão a ocorrer na Itália de Bonomi desiludiram-nos. Tudo o que os anglo-americanos prometeram revelou-se nada mais do que um miserável esquema de propaganda.

Acredito estar certo quando digo que no vale do Pó, não apenas [o povo] não deseja, mas na verdade teme, a chegada dos anglo-saxões; eles não querem ter nada a ver com um governo que por ter um Togliatti na sua vice-presidência despertaria as forças reaccionárias no Norte, plutocráticas e dinásticas, principalmente estas últimas, claramente protegidas pela Inglaterra.

Quão ridículos são aqueles republicanos que não querem a República devido ao simples facto de ter sido proclamada por Mussolini e por outro lado deixam-se subjugar pela monarquia, desejada por Churchill! Isto demonstra de um modo irrefutável que a monarquia de Sabóia serve a política da Grã-Bretanha e não a de Itália.

Não há qualquer dúvida de que a queda de Roma constitui uma

data culminante na história da guerra. O General Alexander tem declarado que era necessária, nas vésperas do desembarque em França, uma vitória que estivesse ligada a um nome de grandeza – e não existe nome maior e mais universal que o de Roma – e, que com ela, uma atmosfera de optimismo seria criada.

Os anglo-americanos entraram em Roma a 5 de Junho. No dia seguinte, a 6, as primeiras secções "aliadas" desembarcaram na costa da Normandia, entre os rios Vire e Orne. Os meses seguintes têm sido extremamente duros, acima de tudo nas frentes onde os soldados do *Reich* estavam, e ainda estão, empenhados na luta.

A Alemanha chamou todas as suas reservas humanas às fileiras, com uma mobilização total dirigida por Goebbels e com a criação do *Volkssturm*. Só um povo como o alemão, reunido em torno do *Führer*, poderia aguentar tão enorme pressão; apenas um exército como o nacional-socialista poderia ultrapassar tão rapidamente a crise de 20 de Julho e continuar a lutar nos quatro cantos do mundo com os excepcionais valor e tenacidade reconhecidos até pelo próprio inimigo.

Houve um momento no qual as conquistas de Bruxelas e Paris, a rendição incondicional da Roménia, Bulgária e Finlândia deu lugar a tal estado de euforia que – dando crédito aos correspondentes de guerra – poderia acreditar-se que por alturas deste Natal a guerra teria praticamente acabado com a entrada triunfal dos Aliados em Berlim.

No período de euforia a que temos aludido, as novas armas alemãs, que têm sido incorrectamente chamadas "secretas", foram desvalorizadas e desdenhadas.

Muitos acreditam que devido ao uso de tais armas, num dado momento, como quem toca uma campainha, a guerra terminaria subitamente, esta confiança num milagre, mais do que um se, tem de ser considerada prejudicial. Nós não estamos a lidar com armas secretas, mas com "novas armas" que – é desnecessário dizê-lo – são apenas secretas até serem usadas em combate. Que tais armas existem é sabido, através de amarga experiência, pelos ingleses; que estas primeiras deverão ser substituídas por outras, eu posso com conhecimento afirmar; que estas têm tal eficiência que podem, desde o início, chegar perto de restabelecer um equilíbrio e pouco depois permitir retomar a iniciativa é, dentro dos limites das previsões humanas, algo quase certo e não muito afastado.

Nada mais compreensível do que a impaciência, depois de cinco anos de guerra, mas estes são instrumentos nos quais a ciência, a técnica, a experiência e o treino de cada soldado e das unidades são obrigatórios. É realmente verdade que a série de surpresas não é infinita, e que milhares de cientistas alemães trabalham, dia e noite, para aumentar o poder do potencial bélico da Alemanha. Enquanto isso a resistência alemã torna-se mais sólida e muitas das ilusões que a propaganda inimiga abrigava já caíram. Nenhuma, contudo, debilitação da moral do povo alemão, plenamente consciente de que a sua existência física e o seu futuro como raça está em jogo; nenhum, qualquer que seja, sinal de uma revolução, nem sequer de inquietação entre os milhões e milhões de trabalhadores estrangeiros, apesar dos apelos e proclamações do generalíssimo americano. Um dos mais eloquentes indicadores do espírito da Nação é a percentagem de voluntários no último recrutamento, muito perto do número total dos alistados. A Alemanha é capaz de resistir e de desfazer os planos inimigos.

Minimizar a perda de territórios, uma vez conquistados e mantidos a custo de sangue, não é uma táctica inteligente, nem é, não obstante, o objectivo da guerra conquistar ou controlar territórios, mas a destruição das forças inimigas e, portanto, o fim das hostilidades.

Hoje, não só as forças armadas alemãs não estão destruídas, mas encontram-se numa fase de crescente desenvolvimento e poder.

Se examinarmos a situação de um ponto de vista político, este último período de 1944 testemunhou o amadurecer de alguns acontecimentos interessantes e estados de espírito. Sem exagero, pode dizer-se que a situação política hoje não é favorável aos Aliados. Principalmente na América e em Inglaterra, onde correntes de opinião contrárias às exigências de rendição incondicional se têm levantado. A fórmula de Casablanca significa a morte de milhões de jovens, já que prolonga a guerra indefinidamente: povos como o Alemão e o Japonês não se renderão amarrados e amordaçados perante um inimigo em cujos planos está inscrita a aniquilação total dos países que formam a Tripartida.

Isto explica o duche frio que o Sr. Churchill se viu forçado a dar aos seus compatriotas, prorrogando a data do fim do conflito até ao Verão de 1945 para a Europa e 1947 para o Japão.

O embaixador soviético em Roma, Potemkin, disse-me uma vez: "A Primeira Guerra Mundial bolchevizou a Rússia, a Segunda irá bolchevizar a Europa".

Esta profecia não deverá ser cumprida; contudo, se isto se passasse, toda a responsabilidade recairia sobre a Grã-Bretanha.

Politicamente, a Albion já está eliminada. Os exércitos russos estão agora entre o Vístula e o Danúbio, que é dizer, em metade da Europa. Os partidos comunistas, melhor dizendo, os partidos que actuam sob as ordens do marechal-de-campo Estaline, estão no poder na maioria dos países do Ocidente.

O que significa a palavra "libertação" na Bélgica, em Itália e na Grécia? As informações que recebemos diariamente esclarecem-nos: miséria, desespero e guerra civil. Os gregos "libertados" que aguardam os seus "libertadores" ingleses, não são mais do que comunistas russos que aguardam os seus conservadores britânicos.

À vista deste panorama, a política inglesa teve de adoptar uma atitude defensiva. Em primeiro lugar, liquidando de uma forma dramática e sangrenta – como em Atenas – os movimentos "partisan" que constituem a ala operacional e combatente da extrema-esquerda, do bolchevismo; em segundo, apoiando as forças democráticas que recusam o totalitarismo que encontra a sua mais refinada expressão na Rússia soviética.

Churchill agitou a bandeira anti-comunista da forma mais categórica, no seu último discurso diante da Casa dos Comuns, mas isto não agradou a Estaline. A Grã-Bretanha quer reservar a Europa Ocidental como uma zona de influência democrática, e não quer que ela possa ser, em qualquer caso, contaminada pelo comunismo.

Mas esta "fronde" não pode alcançar senão um certo limite, dado que, se não, o grande marechal-de-campo do Kremlin poderia tornar-se desconfiado.

Churchill queria que a zona de influência da Europa Ocidental reservada à democracia, fosse protegida por um pacto entre a França, Inglaterra, Bélgica, Holanda e Noruega, orientado contra, em primeiro lugar, a Alemanha e eventualmente contra a Rússia.

O acordo Estaline-De Gaulle sufocou esta ideia à nascença, lançada como foi – de acordo com as instruções de Londres – pelo belga Spaak. O jogo falhou, e Churchill não pode fazer mais do que – como dizem os ingleses – comer o seu próprio chapéu, e, pensando na entrada dos russos no Mediterrâneo e na pressão russa sobre o Irão, ele deve perguntar-se se a política de Casablanca não tem, em realidade, constituído uma política de falhanço para a "velha e pobre Inglaterra".

Colocada no meio de dois colossos militares, o do Ocidente e o do Oriente, pelos seus primos insolentes e insaciáveis do outro lado do oceano e pelos intermináveis eurasiáticos, a Grã-Bretanha vê o futuro do seu império em perigo, que é como quem diz, o seu destino. Que as relações "políticas" entre os Aliados não são muito boas, é demonstrado pelos cansativos preparativos para o próximo encontro dos Três.

Falemos agora do remoto e [contudo] próximo Japão. É irrefutável que o império do sol nascente nunca se renderá e que lutará até à vitória. Nestes últimos meses, as forças armadas japonesas alcançaram grandes sucessos. As unidades do tão proclamado desembarque na ilha de Leyte – uma entre as centenas de ilhas que formam o arquipélago Filipino –, desembarque que foi levado a cabo para propósitos eleitorais estão, depois de dois meses, [paralisadas] quase no mesmo lugar.

A vontade e o espírito do Japão têm sido demonstrados pelos voluntários suicidas. Eles não são apenas algumas dúzias, mas dezenas de milhar de jovens que actuam sob este *slogan*: "para cada avião, um navio inimigo". E fazem-no. Em vista desta sobre-humana e heróica decisão percebe-se a atitude de alguns círculos americanos que se perguntam se não teria sido melhor para os Estados Unidos se

Roosevelt tivesse cumprido a sua promessa feita às mães americanas que nenhum soldado seria enviado para lutar e morrer no estrangeiro. O presidente mentiu, como é usual em todas as democracias.

Para nós, italianos da República, é um motivo de orgulho termos ao nosso lado camaradas tão fiéis e educados – os soldados de Tenno, marinheiros e aviadores – que com os seus feitos épicos são objecto da admiração do mundo.

Agora pergunto-vos: a boa semente dos italianos, daqueles sãos italianos – os melhores – que vêem a morte ao serviço da Pátria como vida eterna, deverá considerar-se como já estando extinta? Não houve, durante a guerra, um aviador que sendo incapaz de abater um avião inimigo, mergulhou contra ele? Lembram-se do seu nome? Ele era um humilde sargento: Dall'Oro.

Em 1935, quando a Inglaterra quis encurralar-nos no nosso mar, eu peguei na sua luva de desafio e tive mais de 400000 legionários a desfilar diante dos navios de Sua Majestade britânica ancorados nos portos do Mediterrâneo. Foi então que em Roma foram constituídos os esquadrões da morte. Eu tenho de dizer, verdade seja dita, que o primeiro a alistar-se foi o comandante da força aérea. Bem, se amanhã se provar ser necessário reconstituir estes esquadrões, se fosse necessário demonstrar que nas nossas veias ainda corre o sangue dos legionários Romanos, cairia o meu apelo em orelhas moucas?

Nós queremos defender o vale do Pó, com unhas e dentes se necessário for; nós queremos que o vale do Pó permaneça republicano na esperança de que toda a Itália também se torne republicana.

No dia em que o vale do Pó fosse ocupado pelo inimigo, o destino de toda a Nação estaria comprometido. Mas eu sinto, eu vejo, que amanhã se levantará um tipo de organização, armada e irresistível, que tornará a vida dos invasores praticamente impossível. Converteremos todo o vale do Pó numa única Atenas.

É evidente, por tudo o que vos disse, que a coligação inimiga não só não ganhou, mas que não ganhará.

A monstruosa aliança entre a plutocracia e o bolchevismo foi capaz de desencadear a sua bárbara guerra assim perpetrando um enorme crime que sacrifica uma multidão de inocentes e destrói aquilo que a civilização europeia criou em vinte séculos. Mas não terá sucesso em aniquilar com o seu barbarismo o espírito eterno exaltado por tais monumentos. A nossa fé absoluta na vitória não é apoiada por motivos de ordem sentimental e subjectiva, mas por elementos positivos e determinantes. Se duvidássemos da nossa vitória, também deveríamos questionar a existência Daquele que regula, de acordo com a justiça, o destino dos homens.

Quando nós, soldados da República, estabelecermos contacto com os italianos do outro lado dos Apeninos, experienciaremos uma agradável surpresa ao encontrarmos o fascismo ainda mais vivo do que o deixámos. A desilusão, a miséria e a abjecção moral e política não explode apenas na velha frase: "estávamos melhor quando estávamos piores", mas a revolta já se está a espalhar através de Palermo, Catânia, Otranto, na própria Roma e por toda a Itália "libertada".

O povo italiano a sul dos Apeninos tem a sua alma cheia de nostalgia. A operação inimiga por um lado, e a bestial perseguição do governo por outro, não fazem mais do que fomentar o movimento fascista. A tarefa de eliminar os seus símbolos exteriores foi fácil, mas a de suprimir a ideia, é impossível.

Os seis partidos antifascistas precipitaram-se a proclamar que o fascismo está morto, precisamente porque sentem-no [tão] vivo. Milhões de italianos comparam os dias passados e presentes; de dias idos quando a bandeira da pátria tremulava dos Alpes ao Equador, e o italiano era um dos mais respeitados povos da Terra.

Não existe um único italiano que não sinta o seu coração a bater no seu peito ao ouvir um nome africano, ao ouvir o hino que acompanhou as legiões mediterrânicas para o Mar Vermelho, ou à vista de um capacete colonial. Há milhões de italianos que de 1929 a 1939 viveram o que pode ser definido como a epopeia da Pátria. Estes italianos ainda existem, eles sofrem e acreditam e são capazes de cerrar fileiras e marchar de novo para reconquistar tudo o que foi perdido entre as dunas Líbias e as fronteiras da Etiópia, guardadas [como estão] por milhares e milhares de caídos, a flor de inúmeras famílias italianas que não esqueceram, nem podem esquecê-lo.

Já se pode antever os sinais anunciadores da reconquista, acima de tudo aqui, na pioneira e de primeira linha Milão, que o inimigo tão selvagemmente atacou mas não foi capaz de fazê-la curvar-se nem um pouco.

Camaradas, caros camaradas milaneses!

É Milão que tem de dar e dará os homens, as armas, a vontade e o sinal para o salvamento!

XI

Cronologia: os 600 dias da RSI

1943
24/25 de Julho - Sessão do Grande Conselho que destitui Mussolini.

25 de Julho - O rei, Vittorio Emmanuelle III, ordena a prisão de Mussolini. Badoglio será o chefe de Governo.

3 de Setembro - Armistício secreto de Cassabile. Desembarque na Calábria do 8º exército britânico.

8 de Setembro - O armistício é tornado público. Os alemães tomam contra-medidas.

9 de Setembro - Desembarques aliados em Taranto e Salerno.

10 de Setembro - Hitler ordena a ocupação de Itália e a sua divisão em duas zonas.

12 de Setembro - Mussolini é libertado do Gran Sasso.

14 de Setembro - Encontro entre Mussolini e Hitler no Covil do Lobo.

18 de Setembro - Mussolini discursa aos italianos a partir da Rádio Munique.

23 de Setembro - Constituição do governo da RSI.

27 de Setembro - Primeira sessão do governo da RSI em Rocca delle Camínate.

1 de Outubro – Discurso do marechal-de-campo Graziani no Teatro Lírico de Roma. Os alemães evacuam Nápoles.

8 de Outubro – Mussolini desloca o seu governo para Gargnano perto do Lago Garda.

13 de Outubro – O governo de Badoglio declara guerra à Alemanha.

27 de Outubro – Segunda sessão do governo da RSI.

8 de Novembro – O 8º exército britânico atravessa o rio Sangro.

11 de Novembro – Criação do tribunal especial excepcional e dos tribunais provinciais excepcionais.

14 de Novembro – Congresso de Verona.

20 de Novembro – A criação da Guarda Nacional Republicana é tornada pública.

21 de Novembro – O marechal-de-campo Kesselring assume a defesa de Itália na sua qualidade de comandante da frente Sudoeste.

25 de Novembro – Terceira sessão do governo da RSI.

1 de Dezembro – O novo Estado assume a denominação de República Social Italiana.

2/3 de Dezembro – Os alemães bombardeiam Bari. Destroem 90 navios mercantes.

16 de Dezembro – Quarta sessão do governo da RSI.

29 de Dezembro – O 8º exército britânico conquista Ortona.

1944

8/10 de Janeiro – Processo criminal em Verona contra os fascistas que votaram contra o *Duce* na Sessão do Grande Conselho.

11 de Janeiro – Ciano, De Bono, Marienlli, Pareschi e Gottardi são executados por um pelotão de fuzilamento em Verona.

13 de Janeiro – Quinta sessão do governo da RSI. Anúncio da Socialização.

22 de Janeiro – Desembarques americanos em Anzio e Neptune.

24 de Janeiro – A primeira batalha de Monte Cassino começa.

12 de Fevereiro – Sexta sessão do governo da RSI.

15/18 de Fevereiro – Segunda batalha de Monte Cassino.

15 de Fevereiro – Os Aliados destroem o mosteiro de Monte Cassino através de bombardeamento.

16/21 de Fevereiro – A contra-ofensiva de Anzio falha.

29 de Fevereiro – Segunda contra-ofensiva alemã em Anzio, falha igualmente a 1 de Março.

9 de Março – Criação do Serviço Auxiliar Feminino (SAF).

11 de Março – Sétima sessão do Conselho de Ministros da RSI.

15/24 de Março – Terceira batalha de Monte Cassino. Derrota Aliada.

23 de Março – Assalto, na Via Rasella em Roma, contra uma unidade de polícia tirolesa.

24 de Março – Represália das Fossas Ardeatinas em Roma.

29 de Março – A aviação republicana abate 14 bombardeiros Aliados.

15 de Abril – O filósofo Giovanni Gentile é assassinado por comunistas em Florença.

18 de Abril – Oitava sessão do governo da RSI.

22/23 de Abril – Encontro entre Hitler e Mussolini no castelo de Clessheim, perto de Salzburgo.

24 de Abril – O *Duce* visita a divisão San Marco nas instalações de treino de Grafenwöhr.

12 de Maio – Ofensiva Aliada contra o 10º exército alemão em Garigolíano.

17 de Maio – Os pára-quedistas alemães evacuam Monte Cassino.

24 de Maio – Os almirantes Campione e Mascherpa são abatidos por um pelotão de fuzilamento depois de terem sido sentenciados à morte pelo Tribunal Especial.

25 de Maio – Retirada geral dos alemães do Adriático ao Mar Tirreno.

4 de Junho – Roma cai nas mãos dos Aliados.

4/5 de Junho – A aviação Republicana ataca Gibraltar.

6 de Junho – Desembarque Aliado na Normandia.

19 de Junho – Os Aliados conquistam Perugia.

2/3 de Julho – Os alemães evacuam Siena.

15/22 Julho – Mussolini viaja à Alemanha.

18 de Julho – Os Aliados ocupam Ancona.

22 de Julho – Atentado contra Hitler. Último encontro entre Hitler e Mussolini.

25 de Julho – O PFR militariza-se. Pavolini anuncia a criação das Brigadas Negras.

2 de Agosto – O marechal-de-campo Graziani assume o comando do corpo de exército da Liguria.

4 de Agosto – Os pára-quedistas alemães evacuam o sul de Florença. Os fascistas decidem oferecer uma resistência desesperada.

10 de Agosto – As tropas alemãs retiram de Florença.

15 de Agosto – Os Aliados desembarcam na costa mediterrânea francesa.

21 de Agosto – San Marino declara guerra à Alemanha.

1 de Setembro – O 10º exército alemão resiste à ofensiva Aliada em Rimini.

2 de Setembro – Os alemães evacuam Pisa.

15 de Setembro – As ilhas Jónicas são evacuadas pelos alemães.

21 de Setembro – Unidades britânicas conquistam Rimini.

12 de Outubro – Décima primeira sessão do governo da RSI.

26 de Outubro – Os Aliados falham em ultrapassar a linha de defesa dos Apeninos de modo a alcançar Bolonha.

16 de Novembro – Décima segunda sessão do governo da RSI.

5 de Dezembro – Ravena é evacuada pelos alemães.

9 de Dezembro – Décima terceira sessão do governo da RSI.

16 de Dezembro – Ofensiva das Ardenas. Discurso de Mussolini no Teatro Lírico de Milão.

16/17 de Dezembro – O 8º exército britânico conquista Faenza.

26/30 de Dezembro – Ofensiva italo-germânica bem sucedida no vale do Cerchio.

29 de Dezembro – Todos os tipos de unidades hoteleiras são transformadas em cantinas colectivas.

1945

19 de Janeiro – Décima quarta sessão do governo da RSI.

22 de Janeiro – A Fiat é Socializada.

24 de Janeiro – Pavolini visita as unidades italianas em Venezia Giulia.

1 de Fevereiro – A Socialização estende-se a outras companhias.

14 de Fevereiro – É anunciada a criação do Agrupamento Nacional-Socialista Republicano.

21 de Fevereiro – Mussolini destitui Buffarini Guidi.

8 de Março – Conversações secretas entre o general Wolff e os Aliados.

12 de Março – Em Roma, o procedimento criminal contra os hierarcas fascistas chega ao fim. Anfuso é sentenciado à morte *in absentia*.

15 de Março – Décima sexta sessão do governo da RSI.

9 de Abril – Início da grande ofensiva do 8º exército britânico no sector oriental da frente italiana.

14 de Abril – O 5º exército americano inicia a ofensiva no sector ocidental.

16 de Abril – Décima sétima sessão do governo da RSI.

18 de Abril – Mussolini chega a Milão.

25 de Abril – Os Aliados atravessam o Pó, ocupando Mantova, Reggio e Parma. Mussolini e o seu governo abandonam Milão.

27 de Abril – Mussolini é capturado pelos partisans. Os Franceses ocupam Ventimiglia e Bordighera.

28 de Abril – Mussolini é assassinado em Giulino de Mezzagra. Em Dongo são abatidos os hierarcas fascistas.

29 de Abril – A capitulação das forças alemãs em Itália é assinada em Caserta.

30 de Abril – Suicídio de Hitler. Os americanos ocupam Turim.

2 de Maio – A rendição alemã em Itália, a ter lugar às 14h, é anunciada publicamente.

ERIK NORLING

www.ingramcontent.com/pod-product-compliance
Lightning Source LLC
Chambersburg PA
CBHW031400040426
42444CB00005B/359